U0949536

国学一本通

徐　潜◎主编

增广贤文

张菲洲　郭俊峰◎译评

吉林文史出版社

图书在版编目（CIP）数据

增广贤文/张菲洲，郭俊峰译评．—长春：吉林文史出版社，2009.4（2022.1重印）
（国学一本通/徐潜主编）
ISBN 978-7-80702-928-1
Ⅰ．增… Ⅱ．①张…②郭… Ⅲ．①汉语—古代—启蒙读物②增广贤文—注释③增广贤文—译文 Ⅳ．H194.1

中国版本图书馆CIP数据核字（2009）第038154号

出版人/徐 潜

出版发行/吉林文史出版社（长春市人民大街4646号） www.jlws.com.cn

主编/徐 潜

译评/张菲洲 郭俊峰

项目负责/王尔立

责任编辑/王尔立 王文亮

责任校对/李洁华

装帧设计/李岩冰 刘纯青 赵 恒

印刷/北京一鑫印务有限责任公司

版次/2009年4月第1版 2022年1月第7次印刷

开本/720mm×1000mm 1/16

字数/280千字

印张/13.5

书号/ISBN 978-7-80702-928-1

定价/55.00元

前言

《增广贤文》又名《昔时贤文》、《古今贤文》。书名最早见之于明代万历年间的戏曲《牡丹亭》，据此可推知此书最迟写成于万历年间。后来，经过明、清两代文人的不断增补，才改成现在这个模样，称《增广昔时贤文》，通称《增广贤文》。作者一直未见任何书载，只知道清代同治年间儒生周希陶曾进行过重订，很可能是民间创作的结晶。

《增广贤文》以有韵的谚语和文献佳句选编而成，其内容十分广泛，从礼仪道德、典章制度到风物典故、天文地理，几乎无所不含，但中心是讲人生哲学、处世之道。其中一些谚语、俗语反映了中华民族千百年来形成的勤劳朴实、吃苦耐劳的优良传统，成为宝贵的精神财富，如“一年之计在于春，一日之计在于寅”，“一饭一粥，当思来之不易，半丝半缕，恒念物力维艰”等；许多关于社会、人生方面的内容，经过人世沧桑的千锤百炼，成为警世谕人的格言，如“良药苦口利于病，忠言逆耳利于行”，“善有善报，恶有恶报”，“乐不可极，乐极生悲”等；一些谚语、俗语总结了千百年来人们同自然斗争的经验，成为简明生动哲理式的科学知识，如“近水知鱼性，近山知鸟音”，“近水楼台先得月，向阳花木早逢春”等；还有一些内容出自文章典籍，是我国传统文化的组成部分，如“居安思危”，“一寸光阴一寸金”，“人无远虑，必有近忧”等。这些健康、积极的内容，特别是一些含有深刻哲理的格言和警句，作为中国古代启蒙读物，对普及文化知识，创造精神文明，治世育人都曾产生过不可低估的积极影响和作用。时至今日，仍然具有借鉴和参考的价值。

一定的文化是一定的社会政治经济在观念形态上的反映，《增广贤文》也不例外。由于时代和历史的局限，它必然打上那个时代的印记。不少内容反映了封建伦理和道德观念，甚至带有明显的封建迷信、宿命论的色彩，如“君子安贫，达人知命”等；有的内容以个人为中心，反映了当时人们普遍存在的自私自利、损人利己的思想，如“人为财死，鸟为食亡”等；有的反映了在当时社会制度下小市民阶层得过且过、畏缩苟安的心理和避祸厌世的消极人生哲学，如“逢人且说三分话，未可全抛一片心”等；有的在当时社会不失为对社会现象的正确反映，今天已失去了借鉴的意义；还有一些内容含义比较模糊，或者只有片面的真理性，如果不做正确的理解，就会变成错误的东西。这些都是不符合时代精神的，我们要在阅读时采取批判的态度，明察扬弃，批判继承，吸取其有营养的成分，古为今用。

《增广贤文》内容通俗易懂，言简意赅；形式多样，生动活泼；富有韵律，读来朗朗上口，便于记诵。这是它在清代和民国年间流传广泛，至今在民间仍有很大影响的原因之一。

目录

昔时贤文，诲汝谆谆。集韵增广，多见多闻。观今宜鉴古，无古不成今。

译文

用过去圣贤们的言论，来谆谆教诲你。广泛搜集押韵的文字编成“增广”，使你见多识广。应该总结汲取古人的经验教训，指导今天的行为，因为今天是古代的延续。

评点

《增广贤文》，又称《古今贤文》，名称最早见于明代万历年间的戏曲《牡丹亭·闺训》一折之中。前两句反映了从“贤文”到“增广”的发展，后两句讲本书的作用。这几句从总体上说明编写《增广》的宗旨、做法及要达到的目的，是观今鉴古，多见多闻。

知己知彼，将心比心。

译文

知道自己是怎么想的，就应该知道别人是怎样想的，所以，要用自己的心，体谅别人的心，设身处地为别人着想。

评点

与人为善，将心比心，是中华民族的优良美德，人际关系应该承袭这一美德。

酒逢知己饮，诗向会人吟。相识满天下，知心能几人。

译文

酒要同了解自己的人去喝，诗要向懂得的人去吟。认识的人可以很多，但真正了解、理解达到知心的却没有几个。

评点

前两句中心是讲志同道合、相互了解才能成为知心朋友。后两句讲人生苦短，相识许多，真正知心的并不一定很多。这确是人生真理。有人说，人生得一知己足矣，也是有感而发的。

相逢好似初相识，到老终无怨恨心。

译文

人和人之间的相识应该总好像是乍见面似的，这样到老年就不能产生怨恨之心了。

评点

这是片面的、似是而非的道理，这样做也会没有朋友的。人生不能没有朋友。没有朋友和知心者的人，尽管到老也没有怨恨之心，还不是形影相吊，茕茕孑立！

近水知鱼性，近山识鸟音。

译文

离水近能掌握鱼的习性，离山近能识别鸟的声音。

评点

经常接触某事物，才能熟悉、了解、认识这个事物，“近水识鱼性，近山识鸟音”就是这个道理。俗语说的“久病成良医”也是这个道理。但“近”不一定“知”，要“知”还须主动去认识、研究。

易涨易退山溪水，易反易复小人心。

译文 

容易涨也容易退的是山间的溪水，反反复复变化无常的是小人的心态。

评点 

以山溪之水的易涨易退来比喻易反易复小人的心态，说明品质高尚的人言行一致，言必信，行必果；品质不好的人表里不一，反复无常，不可与之交往。易反易复，这是人生之大忌。

运去金成铁，时来铁似金。

译文

运气不好时金子可以变成铁，运气好的时候铁也会变成金子。

评点

本句讲时运，或者说是机遇。抓住机遇，就会改变自己，改变人生。抓不住机遇，有“时势”也成不了大器或英雄。

读书须用意，一字值千金。

译文 

读书只有下苦功夫，才会文辞精妙，字字千金。

评点 

一字千金不是一朝一夕之功，“用意”、“刻苦”才能达到此境界。从这个意义上说，是没有不“用意”的天才的。

逢人且说三分话，未可全抛一片心。有意栽花花不发，无心插柳柳成荫。画龙画虎难画骨，知人知面不知心。

译文 

对人说话只能说三分，不能把内心世界都交给别人。有意栽花花不一定开，无意去插柳柳树却可能长得茂盛。龙和虎的形态好画，但龙和虎的骨骼却难以画出。了解人的表面很容易，但了解人的内心却很困难。

评点 

这三段话都是讲人际关系，讲人与人之间的戒备心理，反映了在封建制度下，人们谨言慎行、消极避祸的人生哲学。

钱财如粪土，仁义值千金。

译文 

钱财没有什么可珍贵的，要把它看得像粪土一般，仁义道德才价值千金。

评点 

钱财如粪土，语出《晋书》殷浩语："官本腐臭，故将官而梦尸；钱本粪土，故将财而梦秽。"轻财重义，是劳动群众在长期社会生活实践中总结出来的正确处世之道，是中华民族的传统美德。

流水下滩非有意，白云出岫本无心。

译文 

流水从滩头泻下并非有意之举，白云从山峰飘出来也完全出于自然。

评点 

这是对仗严谨的一副对子，讲的是自然现象，也是一种自然规律。

路遥知马力，事久见人心。

译文 

路途遥远才会了解马的力量大小，经过的事情多了才会明了人的心术。

评点 

此句语出《事林广记》前集九下“结交警语”，今多做“日久见人心”。讲的是人与人的了解需要时间来检验，就像遥远的路途可以检验马的优劣一样。

马行无力皆因瘦，人不风流只为贫。

译文 

马行走无力都因为它瘦弱，人行事不风流不潇洒只因为他穷。

评点 

马瘦必然行走无力，人贫却不一定志短。“贫”不是不风流的唯一因素。人有无才华，能否成材，在于客观环境的优劣，但更在于自身的努力，也就是内在的主观因素。

饶人不是痴汉，痴汉不会饶人。

译文 

能宽恕别人的不是傻瓜，傻瓜则从来不会宽恕别人。

评点 

这句是倡导人们要宽恕，得饶人处且饶人。

是亲不是亲，非亲却是亲。美不美，乡中水，亲不亲，故乡人。相逢不饮空归去，洞口桃花也笑人。

译文 

有些人是亲戚却不像亲戚，有些人不是亲戚却比亲戚还亲近。不论甜美还是不甜美，家乡的水都最好喝；不论是不是亲戚，故乡的人都最亲近。朋友相逢欢聚不饮酒，连洞口的桃花也会笑话你。

评点 

是亲不亲，非亲却亲，是生活中常见的现象。美不美，乡中水，亲不亲，故乡人，表达了人们对故乡的特殊感情。

为人莫作亏心事，半夜敲门心不惊。

译文

为人不做对不起良心的事，半夜有人敲门心中也不会惊慌。

评点

人只要走得正，行得正，光明正大，心里就踏实。无论发生什么意外之事，都能做到心中不慌。

当时若不登高望，谁知东流海洋深。两心一条心，有钱堪买金。一人一条心，无钱难买针。

译文

若不登高望远，怎么能够知道东流的河水能够汇聚成为海洋般的深邃。两个人一条心，能够得到购买黄金的钱；每个人都留着一个心眼，连买根针的钱也赚不到。

评点

站得高看得远才能胸怀宽广，看得到河水汇聚的力量。而每个人都留着心眼，连买根针的钱也赚不到。一个可买金，一个难买针，道出了团结的力量。

莺花犹怕春光老，岂可教人枉度春。红粉佳人休使志，风流浪子莫教贫。

译文 

黄莺和鲜花都唯恐春天消逝，怎么能让人们虚度青春呢？俏丽风骚的女子千万不能丧志，风流潇洒的才子千万不能贫穷。

评点 

黄莺和鲜花尚且担心春光流逝，人生短促怎能不格外珍惜？大好春光，不可辜负；宝贵光阴，不可虚度。要珍惜时间，及早努力，有所作为。

黄金无假，阿魏无真。

译文 

黄金贵重很难造假，阿魏这样的药材却没几种是真货。

评点 

黄金不易假造，药却容易假造，这是由于黄金贵重且人们熟悉的缘故。越是来自远方而人们又不熟悉的东西，就越容易欺骗蒙人。

客来主不顾，应恐是痴人。

译文 

客人光临主人不予理睬，这样的人恐怕是个不懂事理的傻瓜。

评点 

对客人应热情礼貌，失礼行为是不通事理的愚人的表现。

贫居闹市无人问，富在深山有远亲。谁人背后无人说，哪个人前不说人。有钱道真语，无钱语不真。不信但看筵中酒，杯杯先敬有钱人。闹里有钱，静处安身。

译文 

穷人住在闹市也没人理睬，富人住在深山也会招来远房亲戚。有谁背后不被别人议论，哪个人在人前不议论他人？有钱人说的话就是真理，没钱的人说的是真理人们也不相信。不信你到筵席上看看，哪杯酒不先敬有钱的人？喧闹繁华的地方有钱可赚，偏僻幽静的地方宜于安身。

评点 

这一段中心讲金钱至上，反映了封建社会小市民阶层的心态和人际交往中的拜金主义倾向。

来如风雨，去似微尘。长江后浪推前浪，世上新人赶旧人。

译文

来势如暴风骤雨，退去如微尘飘落。长江的后浪推涌着前浪，世界上新人赶超着旧人。

评点

这句道出了自然界和人类社会中的普遍规律：新旧交替，生生不息。没有这样的交替，自然和社会就不会发展进化。有见识的人，应当欢迎后来者居上，超过自己。

近水楼台先得月，向阳花木早逢春。古人不见今时月，今月曾经照古人。先到为君，后到为臣。莫道君行早，更有早行人。

译文

近水的楼台先看到水中的月亮，向阳的花木最早接受春天的滋润。古代的人没有看到今天的月亮，今天的月亮却曾经照射过古代的人。抢先一步能当君王，后到一步只能称臣。不要以为你走得早，还有比你走得更早的人。

评点

“近水楼台”、“先到为君”，都是讲占据有利位置而得到某种好处或利益。这在漫长的中国封建社会是不足为怪的，直到今天也依旧存在，应当克服。

莫信直中直，须防仁不仁。山中有直树，世上无直人。

译文 

不要轻信那些所谓正直的人，也要防备那些标榜仁义却不仁义的人。山里有长得笔直的树，世界上却没有正直的人。

评点 

这句告诫人们不可轻信，是正确的，但片面性、绝对化也是不足取的。若如此，世界上便无可信赖之人，即所谓“洪洞县里无好人”了。疑心重重、过度谨慎的心态是应该调整的。

自恨枝无叶，莫怨太阳倾。大家都是命，半点不由人。

译文 

树应该痛恨自己的枝上不长叶子，不应该抱怨太阳偏心。所有人的一切都是命中注定的，一星半点也由不得自己。

评点 

要人们相信“命”，听命于天，这种“天命论”是有害的。

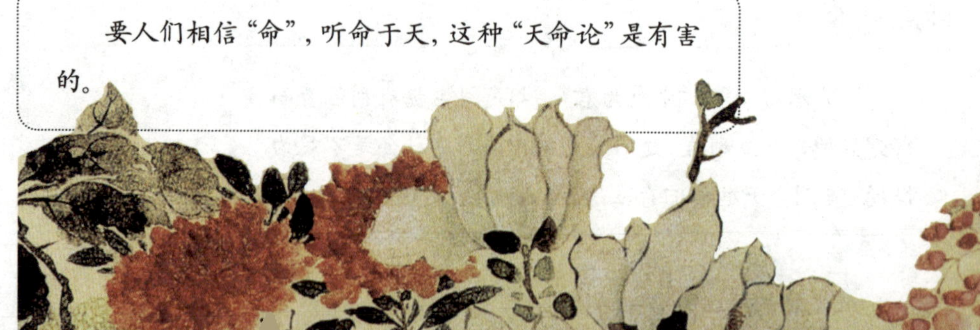

一年之计在于春，一日之计在于寅，一家之计在于和，一生之计在于勤。

译文 

做好一年的事业应在春天里打算，做好一天的事情应在黎明时打算，一个家庭最宝贵的东西是和睦，一个人一生要成功必须勤劳。

评点 

从一年说到一天，又说到家庭、人生，反映了劳动群众勤勉、惜时的优良传统。这是先人在长期实践中总结出来的警世名言，值得记取。

守口如瓶，防意如城。宁可人负我，切莫我负人。再三须重事，第一莫欺心。虎身犹可近，人毒不堪亲。来说是非者，便是是非人。

译文

要像瓶口那样不轻意开口，要像城防那样时时戒备。宁肯让别人辜负我，决不让自己辜负别人。做事要再三考虑审慎对待，首先不要欺骗自己的良心。活着的老虎尚可以靠近，心地恶毒的人千万不能亲近。前来对你议论别人是非的人，就是制造是非的小人。

评点

“守口如瓶”、“人毒不堪亲”、“来说是非者，便是是非人”，都是要人们警惕那些搬弄是非、挑拨离间的人。宁可人负我，切莫我负人，反映了古代劳动人民善良的品德，但有片面性，应正确理解。

远水难救近火，远亲不如近邻。有茶有酒多兄弟，急难何曾见一人。人情似纸张张薄，世事如棋局局新。

译文

远处的水救不了近处的火，再好的远亲也不如近邻能够随时帮忙。一个人有茶吃有酒喝的时候朋友也多，但是到急难的时候却没有一个朋友出来帮助。人情像纸一样，每一张都是薄薄的；世界上的事往往像下棋一样，每一局都变化万千。

评点

这几句讲人际关系。将人情比作纸，形容交往之难；将世事比作棋局，形容多变。

山中也有千年树，世上难逢百岁人。

译文 

山中有生长千年的树，世上难遇活上百岁的人。

评点 

时光的流逝是无限的，人的生命是有限的，要珍惜啊。

力弱休负重，言轻莫劝人。无钱休入众，遭难莫寻亲。

译文 

力量单薄就不要去背负重物，说话没分量就不要去规劝别人。没有钱就不要到人群中去，遭遇急难千万别去求亲戚。

评点 

讲做事要量力而行。这里的“力”，不应是“钱”，钱在人际关系中起很大作用，但强调到不切实际的地步，便不对了。

平生莫做皱眉事，世上应无切齿人。

译文 

一生不做自己不应当做的事，世界上就不会有痛恨自己的人了。

评点 

好人当如此，善人有善报。

士者国之宝，儒为席上珍。

译文 

读书人是国家的宝贝，儒家学者如同宴席上的美味一样珍贵。

评点 

将“士”、“儒”视为国之珍宝、席之珍馐是当之无愧的，这也可以说是中国古代尊重知识、尊重知识分子的一句名言。

若要断酒法，醒眼看醉人。

译文

若想得到最好的戒酒方法，只须要用清醒眼光看看喝醉酒的人。

评点

醒眼看醉人，看得明白、深刻。戒酒如此，其他事情也如此。

求人须求大丈夫，济人须济急时无。渴时一滴如甘露，醉后添杯不如无。

译文

求人帮助应当去求真正的男子汉，接济别人只需接济那些急需接济的人。干渴的时候一滴水也像甘露一般甜美，喝醉酒后再添杯还不如不添。

评点

锦上添花固然好，雪中送炭更珍贵。患难见真情，人在危难时得到帮助会永生难忘。

久住令人贱，频来亲也疏。

译文 

在别人家住久了会让人讨厌，亲戚间往来过于频繁反会疏远。

评点 

凡事皆有度，不可过分。俗语说的“亲戚远香近臭”，也是这个道理，这也是生活中的辩证法。

酒中不语真君子，财上分明大丈夫。

译文 

饮酒不胡言乱语才是真正的君子，在钱财上一清二楚才是真正的男子汉。

评点 

能够做到酒后不胡言的人，才是个有修养的人。在钱财方面能够一清二楚的人，是真正令人敬佩的人。

积金千两，不如多买经书。养子不教如养驴，养女不教如养猪。有田不耕仓廪虚，有书不读子孙愚。仓廪虚兮岁月乏，子孙愚兮礼义疏。同君一席话，胜读十年书。人不通古今，马牛而襟裾。茫茫四海人无数，哪个男儿是丈夫！美酒酿成缘好客，黄金散尽为收书。

译文

积蓄千两黄金，不如多买经书留给后代。养儿子不教育和养驴没有区别，养女儿不教育和养猪没有两样。有田地不耕种粮仓必定空虚，有书籍不阅读子孙必定愚笨。粮仓空虚生活就没有保障，子孙愚笨就会不讲礼义。同你长谈一次话，收益胜过读上十年死书。一个人不能博古通今，没有知识，就跟牛马穿上衣服，没有什么区别。茫茫四海人不计其数，哪个男人称得上是有作为的真正男子汉呢？酿成美酒是因为喜欢朋友团聚，花掉全部金钱是为了收买书籍。

评点

这一段讲教育、读书的重要，除却其封建的内容，可赋予新的含义。没有良好的教育，子孙愚兮礼义疏，同动物没什么两样。黄金有价，知识无价。文化、知识应是父母留给子女最好的财富。

救人一命，胜造七级浮屠。城门失火，殃及池鱼。庭前生瑞草，好事不如无。

译文

搭救别人一条性命，胜过修建七层宝塔。城门口着了火，取水救火，牵连池中的鱼无水而死。庭院生长出吉祥的草会招来人们观看，这样的好事还不如没有。

评点

在人危难之际帮助他，可谓功德无量，但也不可连累无辜，也不要去做那些无意义的好事。

欲求生富贵，须下死功夫。

译文

要想得到荣华富贵，必须付出拼死的努力。

评点

宣扬争做人上人、求富贵，不足取。

百年成之不足，一旦败之有余。

译文 

多年奋斗要做成一件事还不一定成功，而一瞬间的不慎毁坏起来却会绰绰有余。

评点 

这是一句寓意深刻的格言，启发人们做事做人一定要十分周全谨慎，避免大的失误或铸成大错。

人心似铁，官法如炉。善化不足，恶化有余。

译文 

如果说人心像铁，那么国家的法律就像冶铁的洪炉。如果善性对你的感化不够，那么恶性对你的感化就会变本加厉。

评点 

讲法制的威严和教化的重要。俗语说，学坏容易学好难。人如不严格约束自己的行为，终究难逃法律的惩治。

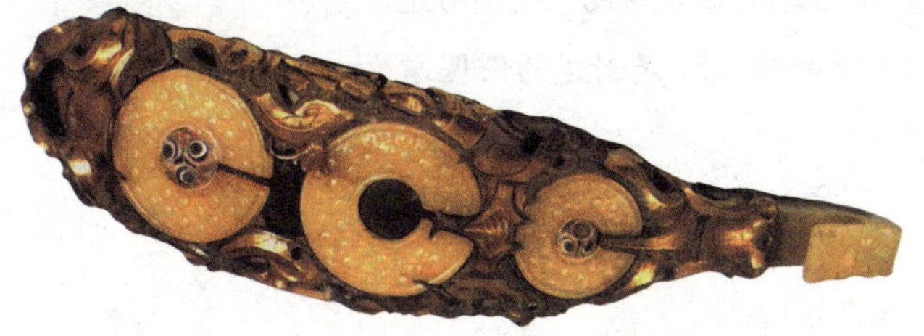

水太清则无鱼，人太察则无谋。知者减半，愚者全无。

译文

水过分清纯就不会有鱼，人过分明察就没有人为你出主意。世上的聪明人如果减少一半，那就找不到愚笨的人了。

评点

凡事不可走极端、绝对化，自然界如此，人类社会也是如此。所谓“金无足赤，人无完人”，也是这个意思。

在家由父，出嫁从夫。痴人畏妇，贤女敬夫。

译文

女子在家里要听从父亲，出嫁后要服从丈夫。傻瓜才害怕老婆，贤惠的女人尊敬丈夫。

评点

语出《仪礼·丧服传》的“在家由父，出嫁从夫”，是典型的夫权思想。作为男尊女卑思想的组成部分，这四句充满封建的毒素，是束缚妇女的精神枷锁，是封建的伦理道德。

是非终日有，不听自然无。宁可正而不足，不可邪而有余。宁可信其有，不可信其无。

译文

是非每天都有，如果不听就不存在了。宁可做正直的人而生活贫困，也不可做奸邪的人而生活富足。有些事宁可相信它有，不要相信它没有。

评点

要人们大事清醒，小事糊涂，为人正派，不走邪路，不要气量狭小，斤斤计较。

竹篱茅舍风光好，僧院道房终不如。

译文

自家的茅屋竹院别有一番风光，就是道观寺院也比不上。

评点

自家的竹篱笆墙、茅草屋虽然简陋、土气，但毕竟是自己的家，能和亲人团聚，共享天伦之乐。寺院道观虽然高墙大院、青砖碧瓦、雕梁画栋，但出家之人别亲离乡，晨钟暮鼓，黄卷青灯，加之各种清规戒律，生活煞是清苦，哪里比得上安居乐业的寻常百姓家？“昼出耕田夜绩麻，村庄儿女各当家。童孙未解供耕织，也傍桑阴学种瓜。”宋代范成大的这首诗描绘了一幅生动的竹篱茅舍生活情趣的画卷。

命里有时终须有，命里无时莫强求。

译文 

命中有的肯定会有，命中没有的强求也没用。

评点 

这种说法是典型的宿命论思想。古人把一个人的功名、利禄、福寿、吉凶，都认为是命中注定的，甚至有无儿女也认为是命里确定的，这种说法是毫无道理的。在阶级社会里，这种说法迎合了统治阶级的需要，是被压迫阶级的麻醉剂和安慰剂。

此外，这种说法也反映了一部分人的不求进取、无所作为的思想。无论从个人进步还是社会发展看，人生都应该奋斗，都应与命运抗争。“将相本无种，男儿当自强”，一个人应该有积极的人生态度。

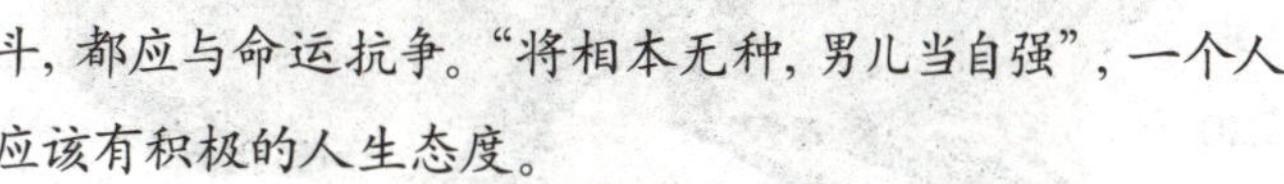

道院迎仙客，书堂隐相儒。庭栽栖凤竹，池养化龙鱼。结交须胜己，似我不如无。但看三五日，相见不如初。

译文

道观寺院迎接神仙贵客，学堂隐藏着宰相儒士，庭院栽有落凤的竹子，池塘养有化龙之鱼。结交朋友须找学识本领胜过自己的人，水平和自己差不多的朋友还不如不交。只要相处三五天，就会发现他的水平还不如初见时的印象。

评点

用前四句的仙客、相儒、栖凤竹、化龙鱼来强调交友要择友而交，交那些胜过自己、超过自己的人，这样可以向朋友学习，提高自己。结交和自己差不多的人，就发现不了自己的短处，也就很难进步。这段话有它可取之处，但也有失偏颇。其实结交朋友应重志同道合，重情谊，重感情。朋友可以胜过自己，也可不如自己，不一定非结交那些胜过自己的人。何况，尺有所长，寸有所短，各人都有长短之处，应相互取长补短。

人情似水分高下，世事如云任卷舒。

译文 

人情像水一样有薄有厚，世事像云一样变化无常。

评点 

人情冷暖，世态炎凉，古已有之，于今也不鲜见。一些势利小人，趋炎附势；一些政治掮客，翻手为云，覆手为雨；一些唯利是图之人，见钱眼开，有钱的是朋友，无钱的是路人。更有甚者，兄弟之间为了争遗产竟然大打出手。诚然，我们社会的大多数人还是好的，人间自有真情在。只要人人都有一份同情之心，有一份爱心，关心他人胜于关心自己，那么整个社会就会温暖如春。

会说说都市，不会说说屋里。

译文 

会说的都说都市里的大事，不会说的只讲家中的琐事。

评点 

一个人会说话还是不会说话，原因是多方面的，有家庭的教育，个人的知识水平、社会阅历、人际交往以及思维能力、语言表达技巧等。至于说话的内容，则和一个人的知识、阅历有直接关系，因此，一个人要学会说话，学会表达自己的思想，要加强多方面的修养和锻炼。

磨刀恨不利，刀利伤人指。求财恨不多，财多害人子。

译文 

磨刀都嫌磨得不够锋利，但刀过于锋利则易伤人手指。寻求财富的时候总嫌不够多，但钱财多了反而会害了自己。

评点 

世界上的事物都有两面性，钱财也是一样。钱财少了有弊也有利，钱财多了有利也有弊。一些人过于贪财，总嫌钱财不够多，钱财越多越想嫌钱，其结果，会因贪图钱财而不择手段，甚至铤而走险，最终断送了自己。记得一位名

人说过："贪婪是一切罪恶之源。"人不可以没有钱财，但钱财不是人生的唯一目的，除了钱财，人还有更多的需要和更高的追求。一个人应该把更多的精力，投入到社会公益事业中去，追求更有价值更有意义的人生。

知足常足，终身不辱；知止常止，终身不耻。

译文

知道满足的道理就会经常感到满足，懂得任何事物都有止境就应适可而止，这样一生都不会遭受耻辱。

评点

《老子》第四十四章有"知足不辱，知止不殆"之语。意思是说，知道满足，就不会受辱，知道适可而止，就不会有危险。前面几句和老子说的意思基本一致。这里的"知足"、"知止"都是指对个人追求的名利、地位要有节制，不要总是对自己的利益不满足。欲壑难填，利欲熏心，任其所为，必遭大祸。

有福伤财，无福伤己。差之毫厘，失之千里。

译文

有福的人遭到不幸只是损失钱财，无福之人遭遇不幸会伤及性命。毫厘的差错会造成千里的错误。

评点

福，旧指福气、运气。人遭不幸，是伤财还是伤身与“福”无关，纯属一种偶然。“差之毫厘，失之千里”，原句出自《礼记·经解》：“差若毫厘，谬以千里。”《大戴礼记·礼察》也有“君子慎始，差若毫厘，谬之千里”之句。此句是告诫人们，做任何事情都要求真务实，严谨求实，切莫马虎从事。“想当然”、“可能”、“大概”、“差不多”的说法是不行的。特别是在科学技术飞速发展的今天，真是“差之毫厘，失之千里”，会造成意想不到的严重后果。如卫星定点发射，航天飞机发射，那是一丝一毫也马虎不得的。

若登高必自卑，若涉远必自迩。

译文 

登高处一定要从低处开始，走远路一定要从近处起步。

评点 

《尚书·太甲下》中有“若升高，必自下；若陟遐，必自迩”，《墨子·经说下》有“行者必先近而后远”的说法。登高自卑，涉远自迩，都是讲无论做什么事情，都要遵循事物内部的规律，一步一步扎扎实实做起，不可急于求成。小学的课程学不好，不可能学好中学、大学的课程；连士兵都没有当过的人，不可能成为将军。万丈高楼平地起，千里之行始于足下，要成就大事业就要从平凡小事做起，这是事业成功的必由之路。

三思而行，再思可矣。

译文

凡事应三思而后行，但一般情况下考虑两次也就可以了。

评点

《论语·公冶长》中写道：“季文子三思而后行。子闻之，曰：‘再，斯可矣。’”季文子，即季孙行文，是春秋时期鲁国的正卿，为官廉俭持重，遇事三思而后行。上句话意思是：季文子遇事常三思而后行。孔子听说后，讲道：“再思，就可以了。”其实三思也好，再思也好，无非是告诉人们遇事要先思而后行，不要草率从事。特别是处理复杂的事情，一定要冷静思考，要想到方方面面的情况，分析有利不利条件，考虑到几种解决方案，预测可能出现的后果，这样处理事情才比较稳妥。遇事不冷静，缺乏周密思考，往往会把事情搞糟。当然思考不是犹豫不决，当断不断，而是使行动有充分的思想准备。

使口不如自走，求人不如求己。

译文

动口不如亲自去做，求人不如靠自己努力。

评点

“使口不如自走”，宣扬了一种重“行”、重实践的思想，有积极意义。人们需要认识世界，更需要改造世界。无论认识世界还是改造世界，都离不开自己亲身参加实践。虽然，一个人不可能事事都亲自实践，但要真正感知某种事物，光靠书本知识、靠听别人讲述是得不到真情实感的。宋代诗人陆游有句诗说得好：“纸上得来终觉浅，绝知此事要躬行”，强调了亲身实践的重要性。

“求人不如求己”，是一种积极的人生态度，体现了人的主观能动性。一个人在学习、工作、生活当中，遇到这样那样的困难是正常的。遇到问题、困难应该积极主动地去解决，去克服，不要有依赖思想，更不要什么事情都去求人。当然，想万事不求人也是不现实的，但基本点应立足于自己去克服困难，解决问题。一个人是如此，推而广之，一个民族、一个国家也应当如此。

小时是兄弟，长大各乡里。嫉财莫嫉食，怨生莫怨死。

译文 

小时在一起是好兄弟，长大成人后则各奔东西。嫉妒别人的钱财，不能嫉妒别人的饮食；别人活着的时候你可以埋怨，死了就不要再埋怨。

评点 

小时是兄弟，长大各奔东西，这也是正常的。兄弟之间也不可能一辈子总厮守在一起，人各有志，总要出外谋生，闯世界，见世面。嫉妒是一种个人私欲极强的心理意识。记得一位诗人说过：妒忌是心灵上的肿瘤。嫉妒的新说法就是“红眼病”，见人进步快，他“眼红”，见别人有钱，他也“眼红”。有嫉妒心理的人，眼里容不得别人比他强。这种人自己干不来的事情，也不许别人去干。生活中有这种人，不能不说是件令人头痛的事。医治嫉妒的办法就是教他正确看待自己，也正确地看待他人。

人见白头嗔，我见白头喜，多少少年亡，不到白头死。

译文

别人发现头发白了很生气，我见了却很高兴。多少人年轻时就亡故了，还未曾活到白头时。

评点

“见白头喜”，这是一种乐观的人生态度。一个人从童年、少年、青年、壮年到老年，这是大自然的规律，是任何人都无法抗拒的。“花有重开日，人无再少年”，一个人想青春永驻是不可能的。有些人到了老年，对镜悲白发，抚鬓叹先衰，实在大可不必。每个人都拥有过风华正茂的青年，血气方刚的壮年，也应坦然面对人生的晚年。“夕阳”、“晚晴”同样可贵，同样是人生的一道美丽的风景线。至于正值生命春天的青年人，更不应嘲笑白发人，应尊敬老人，理解老人，热心帮助老人，因为谁都有变老的那一天。

墙有缝，壁有耳。好事不出门，恶事传千里。

译文

再好的墙壁都有透风的裂缝，而隔墙有耳，应时时提防。好的事情不易传出去，而坏事情则一日可传千里。

评点

“好事不出门，恶事传千里”语出《水浒传》第二十四回。“好事”为什么不易传出去？因为社会上好人是大多数，做好事是正常的，人们不感到奇怪。而“坏事”是人们所痛恨的，特别是平时认为是“好人”的人做了坏事，人们感到不可理解，会当成“新闻”去传播。这句话告诫人们要严以律己，加强修养，任何时候都不要放纵自己，要一辈子坚持做好事，不要做坏事。

贼是小人，智过君子。君子固穷，小人穷斯滥矣。

译文

贼虽然是卑鄙小人，但其智慧有时可以超过品行高尚的人。品行正派的人虽穷，但能安分守己，小人穷困了则会胡作非为。

评点

“君子固穷，小人穷斯滥矣”，语出《论语·卫灵公》。贼人的智力不一定差，只是他的智力没用到正经地方。一个人贫穷并不可怕，可怕的是因贫穷失志。其实，无论是贫穷还是富有，都应该堂堂正正做人，不要做违法乱纪的事。

贫穷自在，富贵多忧。

译文

人虽贫穷但活得自在，人越富贵忧虑越多。

评点

“贫穷自在”，是一种物质生活低下的“自由自在”。穷人没有更多的物欲，衣能蔽体，食可果腹，就心满意足了。穷人家徒四壁，不必为钱财安全担忧。富贵人家则不同，有了钱还想赚更多的钱，讲吃、讲穿、讲戴、讲排场、讲应酬，物欲横流，没有满足的时候。居家过日子，生活贫困也好，富裕也好，都各有各的难处，想完全无忧无虑地生活是不可能的。但一个人有高尚的追求，却可以在清贫的生活中活得充实，活得有意义。

不以我为德，反以我为仇。宁向直中取，不向曲中求。

译文

不但不感激我说我好，反而说我坏话，以我为仇人。宁可用正当的手段争取，不可用歪门邪道去谋求。

评点

人与人相处，应以德报德，不要以怨报怨，更不要以怨报德。做人应光明磊落，肝胆相照，要有骨气。不能为了一己私利，而丧失了自己的人格，更不能为了事权贵而卑躬屈膝。大丈夫应该做到富贵不能淫，威武不能屈，贫贱不能移。

人无远虑，必有近忧。

译文

人没有长远的打算，一定会被眼前的琐事所困忧。

评点

此句出自《论语·卫灵公》。要求人人都做到高瞻远瞩是不现实的，但一个人应该有远大的眼光，有远大的志向和奋斗的目标，不要整天只顾眼前的琐碎之事，庸庸碌碌。尤其是年轻人，正值青春好年华，理应有一番雄心壮志，趁精力充沛干出一番事业来。

知我者谓我心忧，不知我者谓我何求。

译文 

了解我的人能说出我内心的忧愁，不了解我的人还认为我有个人所求。

评点 

此句出自《诗经·王风·黍离》。这句表达的是一种忧国忧民的思想。爱国是一种崇高的民族情感，正是爱国主义使中华民族世代生生不息、自强自主，屹立在世界民族之林。“位卑未敢忘忧国”，“国家兴亡，匹夫有责”成为激励无数爱国人士，为民族兴亡奔走呼号的精神支柱。今天，每个炎黄子孙都应弘扬爱国主义光荣传统，立爱国之志，行报国之举，为中华之崛起献上一片赤诚的爱国之心。

晴天不肯去，直待雨淋头。成事莫说，覆水难收。

译文

天气好时不愿前去，等到大雨淋头时再行动，已经晚了。事情办成了就不要再多说，泼出去的水是收不回来的。

评点

这两句说的是一个意思，即做事应当机立断，把握住时机，不要犹豫不决，贻误时机；而事情一旦做了，也不要后悔。这就要求我们平时养成办事果断的作风，同时应养成事前要周密考虑，办事谨慎的作风。既要果断，又要谨慎，谨慎是果断的前提和基础，果断是谨慎的结果和归宿。遇事草率从事，会出差错；当断不断，反受其乱。

是非只为多开口，烦恼皆因强出头。

译文

是非都是因为话多引发的，烦恼是由于争强好胜招致的。

评点 

人的嘴有两个作用，一是吃喝，满足身体需要；二是说话，表达思想感情。话总是要说的，但说话要注意场合，讲究分寸。俗话说："言多必失。"如果不分场合、对象，信口乱说，肯定会说出麻烦来。为人也不可太争强好胜，不能像"穆桂英——阵阵落不下"。有些事情，要学会观察，学会思考，不一定参与。当然，事关国家、人民利益的事情，那还是应积极参与的。为个人利益，那个"头"不能出，但为人民的利益，这个"头"必须出。

忍得一时之气，免得百日之忧。近来学得乌龟法，得缩头时且缩头。

译文 

忍下一时的怒气，可以免除百日的忧患。人遇到不利情况，要像乌龟一样把头缩回去。

评点 

"忍"也是一种思想修养。有些事，该忍则忍，并无大碍。遇事能忍，可以静下心来思考，可以想出更周全之策，也能体现出一个人的修养。但"忍"也有原则，不是什么事情都可以忍；"忍"也有个限度，当忍无可忍的时候，就不能再忍。事关国家、民族的尊严受到损害时，不但不能忍，而且要挺身而出捍卫国家、民族的尊严。人遇到不利情况，是缩头还是不缩头，也要具体情况具体分析，不可一概而论。

惧法朝朝乐，欺公日日忧。

译文 

严守法纪天天都会安乐，冒犯公法随时都有忧患。

评点 

这话说得有道理。每个人都应该知法、守法，要有“惧法”意识，不能当法盲，更不能无法无天，知法犯法。违法乱纪的事坚决不要做。做了坏事，触犯了法律，必定要受到法律的制裁，即使躲过了一时，但躲不过长远，而且做了坏事，心怀鬼胎，惶惶不可终日，精神压力也大。自觉遵守法纪，不做违法乱纪的事，心地坦然，自然生活得快快乐乐。

人生一世，草木一春。黑发不知勤学早，转眼便是白头翁。月过十五光明少，人到中年万事休。

译文 

人只活一世，犹如花草树木繁荣一春。年轻时不知道勤学苦读，转眼之间便会变成白发老翁。月过十五由圆变缺光明渐少，人到中年还一事无成，也就不会有大作为了。

评点 

《水浒传》第十五回有“人生一世，草生一秋”之句，和第一句意思基本相同。这几句的意思还是积极的。总的思想是劝人求学上进，有所作为，不要虚度年华，白活一生。“人到中年万事休”一句有些悲观，中年同样可以有所作为，中年如日之当空，正好干一番事业。

儿孙自有儿孙福，莫为儿孙作马牛。

译文 

儿孙自有儿孙的幸福，不要替儿孙当牛做马。

评点 

此句出自元代关汉卿《蝴蝶梦》楔子。原句为“儿孙自有儿孙福，莫为儿孙作远忧”。抚养、教育下一代是做家长的责任，但要教育有方，要培养孩子懂礼貌，懂做人的道理；要教育他们关心他人，理解他人；要培养他们自立、自强。不要娇惯孩子，更不要为孩子去当牛做马。现在独生子女的家庭越来越多，教育子女的责任不是轻了，而是重了。孩子从小到大，从读书、升学、工作到成家、立业，父母都管，操不完的心，受不完的累，搞不好，真是要“当牛做马”了。

人生不满百，常怀千岁忧。

译文 

人的一生连百岁都活不到，却常常心怀千年的忧患。

评点 

语出汉乐府古辞《西门行》。以不满百年的人生，去忧虑千年后的事情，似乎有些自不量力，或者说多余。其实，这正是人类的特点。一代人不能只考虑一代人的事，还应考虑下一代、下几代的事情。虽然有些事情这一代人做不了，完不成，看不到，但必须有长远考虑。尽管这种考虑不一定全对，不一定都有道理，但至少为后人思考问题提供了参考。如当今社会的可持续发展问题，就应做长远考虑，要为子孙万代的生存、发展考虑，不能只考虑眼前的需要。

今朝有酒今朝醉，明日愁来明日忧。

译文 

今天有酒今天就一醉方休，明天的忧愁明天再说。

评点 

这是一种醉生梦死、无所作为的人生哲学。人来到世间，不过百年，人生短促，应该有所作为，应该对社会有所贡献。即使从个人角度而言，也应该体现出自己的人生价值，体现出人生的意义。人要有一种责任感，个人的、家庭的、社会的责任都有。每天以酒度日，无所事事，与行尸走肉何异？即使是在工作、生活上遇到挫折、不幸，也不必以酒浇愁，一蹶不振，而应调整自己心态，振作精神，战胜挫折，奋发有为。

路逢险处须回避，事到头来不自由。

译文 

行路遇到险处应当躲避，事情临到头上就由不得自己了。

评点 

路逢险处容易躲避，一般人也不会明知危险还硬要去冒险。但在人生旅途中遇到危险却不易躲避，一是事前难以预料，往往是突然大祸临头；二是有些危险可以避，有些危险则不能避。比如旅途之中突然发生车祸，即使自己没大危险，也不能赶快躲开，还应救同车的难友，这是一个人最起码的社会公德。人一生之中，还有一些难以预料的事，有时是防不胜防的。

药能医假病，酒不解真愁。

译文 

药可以治好假病，酒却解除不了真愁。

评点 

假病，可能是没病误认为有病，也可能是没病装病，用药不用药都没关系，因为本来就没病。一个人内心真正的痛苦、忧愁靠以酒消愁是无济于事的，那叫“借酒浇愁愁更愁”。酒喝多了，一时可麻醉自己，暂时忘掉痛苦，但醉醒后，忧愁重上心头。心病还须心药医。内心的忧愁，要靠自己去排解，这需要有健康的心理素质，要心胸豁达，遇事想得开，不要钻牛角尖。要有乐观向上的精神，有辩证看问题的思想方法，这样就会驱散心头的愁云，迎来亮丽的明天。

人贫不语，水平不流。

译文 

人处在贫穷境地话不多，水在同一水平线不流动。

评点 

人贫不语，是因为穷人为生活重担所压，贫困交加，精神压力之大，难以言状，有什么话可说呢?当一个人处在物质和精神双重压力下时，往往是缄默不语的。但一个人不论处在多么困难的生活境地，都应不失其志，要自觉磨炼自己的意志、毅力，穷且益坚，用自己不懈的奋斗，去改变自己的境遇，去实现自己的人生价值。

一家养女百家求，一马不行百马忧。有花方酌酒，无月不登楼。三杯通大道，一醉解千愁。

译文 

一家养育了女儿，百家都会来求亲；一匹马不走，百匹马都跟着忧愁。有花可赏才值得饮酒，没有明月不要登楼。三杯酒喝下去可以通晓道理，一醉可以解除烦恼忧愁。

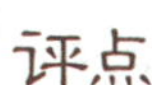

评点

赏花饮酒，望月登楼，确是闲情逸致。但用酒解愁是解决不了根本问题的。酒醉可以暂时忘却忧愁，但酒醒后，忧愁会照旧。正如一句诗所言：“万斛新愁付杯酒，恶知酒后愁更多。”人应该有乐观向上的精神状态，凡事要想得开，有困难，要积极去解决，这才是正确的态度。

深山毕竟藏猛虎，大海终须纳细流。

译文

深山里毕竟会藏有猛虎，大海终究要容纳细流。

评点

山深林密，才能藏猛虎；大海深阔，才能纳细流。人要有广阔胸怀，要容纳不同意见，团结不同意见的人。不要只听顺耳的话，逆耳之言也要听，兼听则明，偏听则暗。一人拾柴火焰少，众人拾柴火焰高，能团结人的人，方能干大事业。

惜花须检点，爱月不梳头。大抵选他肌骨好，不擦红粉也风流。

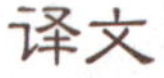

译文

做人不要拈花惹草，应洁身自好，只要身体素质好，不梳妆打扮也风流。

评点

惜花容，弄风月，这是花花公子所为。男女正常恋爱、结婚是无可非议的，尤其在当今“灯红酒绿”的社会环境下，更应把握住自己，不要一失足成千古恨。

受恩深处宜先退，得意浓时便可休。莫待是非来入耳，从前恩爱反成仇。

译文

受到恩惠很深时应及早身退，春风得意时要及时罢休。不要等到是非传入耳中，致使过去的恩爱反成怨仇。

评点

古代仕途多险恶，一些有识之士往往在功成名就时激流勇退，怕招来杀身之祸。今天看这几句话也有一定道理。事物都有两面性，物极必反，乐极生悲，否极泰来。人在得意时，不要忘乎所以，要想到事情发展的另一面，做到有备无患。

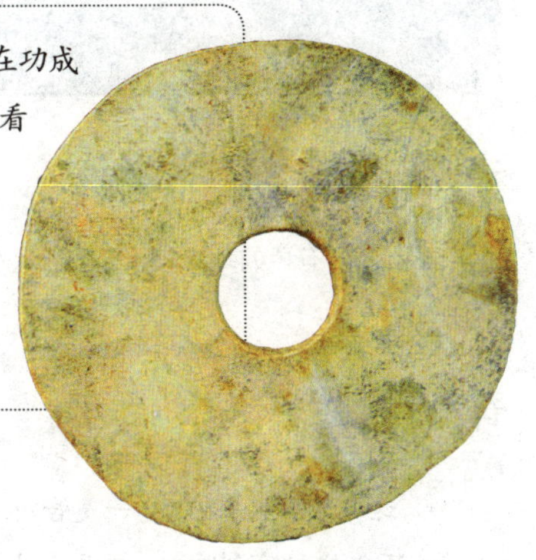

留得五湖明月在，不愁无处下金钩。

译文

只要五湖明月在，就不用担心无处钓鱼。

评点

这句话与“留得青山在，不怕没柴烧”基本意思是一样的，都是讲不要被一时的挫折所压倒，只要保存实力，总有转机的时候。道理虽然好讲，但有些人往往事到临头，想不到这一点，这就需要别人劝解、提醒。人生之路，坎坎坷坷，碰到困难、遇到挫折都是正常的，要坚定信念，眼光放远些，要有一往无前、万难不屈的精神。不要一遇到挫折，就以为是走投无路，“山穷水尽”之后，自然是“柳暗花明”。

休别有鱼处，莫恋浅滩头。去时终须去，再三留不住。

译文 

不要离开有鱼的地方，而去迷恋浅水滩头。该失去的，再留也留不住。

评点 

这句话有两层意思，一是告诉人们要善于把握有利条件，不要错过有利时机。二是告诫人们对待得失要有一个正确态度，有得必有失，不该得到的不必强求。

忍一句，息一怒；饶一着，退一步。

译文 

你忍住少说一句，就能平息别人一次愤怒；你饶人一着，别人也会退让一步。

评点 

这句中心意思是讲做人要学会忍让。在同事、邻里之间发生磨擦、口角，讲忍让是对的。因为同事、邻里之间平日相互在一起工作、生活，不会有根本利害冲突，有了矛盾相互忍一忍，让一让，少说一句，多一点理解，有助于问题的解决。不必为一点小事，大动肝火。当然，忍让不是不讲是非曲直，而是通过冷静的方式，求得问题的解决。

三十不豪，四十不富，五十将近寻死路。生不认魂，死不认尸。

译文

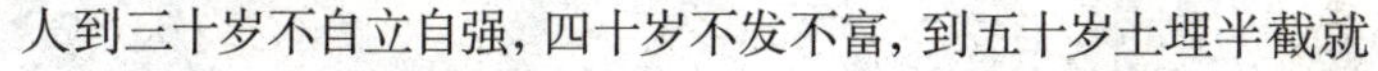

人到三十岁不自立自强，四十岁不发不富，到五十岁土埋半截就没什么指望了。态度强硬，死活不认。

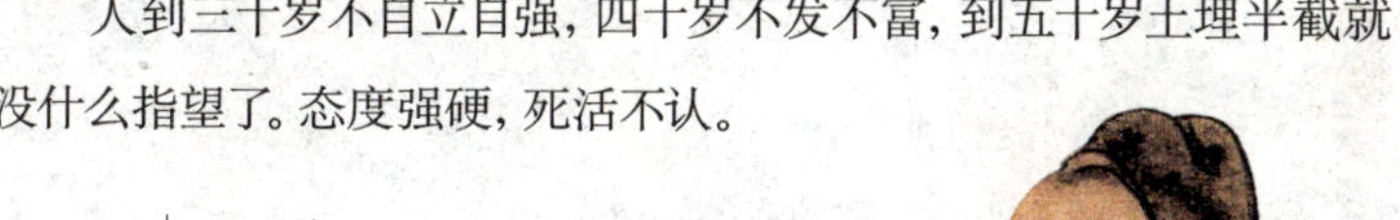

评点

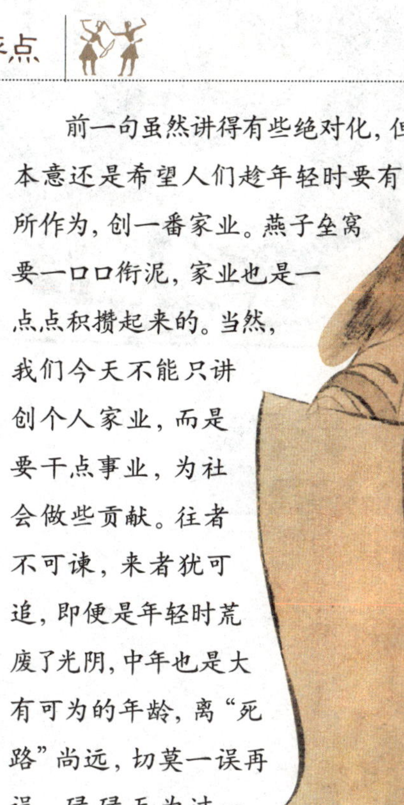

前一句虽然讲得有些绝对化，但其本意还是希望人们趁年轻时要有所作为，创一番家业。燕子垒窝要一口口衔泥，家业也是一点点积攒起来的。当然，我们今天不能只讲创个人家业，而是要干点事业，为社会做些贡献。往者不可谏，来者犹可追，即便是年轻时荒废了光阴，中年也是大有可为的年龄，离“死路”尚远，切莫一误再误，碌碌无为过一生。

一寸光阴一寸金，寸金难买寸光阴。

译文

光阴比金子宝贵，因为金子买不到光阴。

评点

此句出自明代罗懋登《三宝太监西洋记》第十一回。唐代王贞白《白鹿洞二首》也有“读书不觉已春深，一寸光阴一寸金”句。古往今来，人们都非常珍惜时间，“尺璧非宝，寸阴可惜”，“勿谓寸阴短，既过难再获”。人的生命，是时间的延续，但人生易老天难老。我们应珍惜寸阴，刻苦学习，抓紧工作，使有限的生命之光燃烧得更旺、更亮。

父母恩深终有别，夫妻义重也分离。人生似鸟同林宿，大限来时各自飞。

译文

父母的恩情再深终究是要分别的，夫妻的情义再重也有分离的时候。人生就像同宿在一个林子里的鸟，一旦大难临头就会各奔东西。

评点

父母与子女分别也是正常的，儿女不能总守在父母身边。过去讲孝道，“父母在，不远游”，但父母健在的家庭，儿女也有远走他乡的。尤其在今天，儿女都有自己的事业和工作，不和父母生活在一起并不是少数。做父母的也应支持儿女去闯天下，干事业。情深义重的夫妻一般是不能轻易分离的，除非是有了特殊情况。至于后一句话则说得没道理。人类不同于鸟类，不能大难临头各奔东西，自己顾自己。现实生活中，同甘苦、共患难的家庭是大多数。特别是在遭受到像洪水、地震等重大自然灾害时，更表现出人类社会相互帮助、共同抗灾的团结友爱精神。

人善被人欺，马善被人骑。

译文 

善良的人往往会被别人欺负，驯服的马总是被人们随意乘骑。

评点 

这句话的言外之意是说，做人不能太善良了，该横的时候就得横一点。其实，做人还是应该心地善良，心地善良的人，以诚待人，与人为善，绝大多数人都欢迎这种人。善良的人被人欺负的事是有的，但不能因此就认为好人做不得。欺负人的人毕竟是少数，而且会受到大多数人的痛斥。我们应在全社会提倡做好人，办好事。

人无横财不富，马无夜草不肥。

译文 

人无横财不会暴富，马没有夜草不能长肥。

评点

这句出自元代张国宾《合汗衫》第三折。“横财”，乃不义之财。不是偷来的，就是抢来的，要么就是贪污、受贿来的，总之不是靠正当途径得来的。靠这样的“横财”发家致富不光彩，不仗义，而且是违法的。古人讲“君子爱财，取之有道”，这个“道”，就是指“道理”，取得钱财要合理、合法，要靠自己的诚实劳动。这样得来的财，花起来干净，用起来安心。

人恶人怕天不怕，人善人欺天不欺。善恶到头终有报，只争来早与来迟。

译文

恶人人们都害怕但天不怕，善良的人被人欺负但天不欺负。不论是行善还是做恶，到头来都会得到应有的报应，区别只在于有的来得早些，有的来得迟些而已。

评点

为善与做恶由天报应的思想不可取。但做善事，于他人有利，于社会有利，会受到人们的欢迎，自己心情也舒畅。做坏事，危害人民，危害社会，成为害群之马，早晚会受到正义的审判，法律的制裁，受到人民的唾弃，这一点是毫无疑问的。因此，为人应多做善事，做好事，而且做好事也不必图回报。

黄河尚有澄清日，岂可人无得运时。

译文 

黄河尚且有澄清的那一天，难道人就没有时来运转的时候？

评点 

俗语说“跳进黄河也洗不清”，说明黄河水本身如泥汤一样。多少岁月，黄河从上游带着大量的冲刷下来的泥沙，奔腾咆哮，东归入海，想让黄河变混浊为清澈并非是易事。但人的“时运”就不同了。“时运”用今天话说，就是机遇。一个人的一生可以有几次大的机遇，也可以说是“时运”，关键看自己如何把握。善于把握机遇的人，就可以“时来运转”，不善于把握的人，就可能痛失良机，而把握的关键，是自身的能力和水平。

得宠思辱，居安思危。念念有如临敌日，心心常似过桥时。

译文 

得宠的时候应考虑到可能遭受的耻辱，平安无事时要想到可能发生的危险。要像如临大敌一样时刻警惕，像过独木桥一样小心谨慎。

评点

“得宠思辱，居安思危”一句带有深刻的辩证法思想。世界上的事物是复杂的，是千变万化的，宠与辱、安与危也是在一定条件下相互转化的。得宠莫忘辱，居安莫忘危，有备而无患。尤其是居安思危一句，至今被人们广泛运用。一个国家，一个民族，只有居安思危，常备不懈，才能保持和平与安定的环境。

英雄行险道，富贵似花枝。人情莫道春光好，只怕秋来有冷时。

译文 

英雄豪杰所走的道路充满艰险，富贵荣华像花枝一样容易凋谢。人情关系不总是如同春光一样美好，只怕也有像秋天冷清的时候。

评点 

英雄行险道可成可败，富贵似花枝有开有落，都是讲事情的两面性。人与人之间的人情关系也不是铁板一块，也会发生变化的。人们常说，“你敬我一尺，我敬你一丈”，“两好轧一好，人情是个宝”，“滴水之恩，当涌泉相报”。人情是双方面的事，只要双方都珍视友情，用心培植，人情就不会冷漠。相反，只要有一方淡漠了人情关系，这种美好的人情关系就很难维系了。

送君千里，终须一别。

译文 

送朋友送得再远，最终总要分手。

评点 

这句出自《水浒传》第二十三回。朋友有聚有别，这也是人之常情。只要友谊长存，总有再相见的时候。古人说："人生自古伤离别。"实际上，正是因为有"离别"，才更显得"相逢"的可贵，如果整日在一起，就体验不到离别的滋味，也感受不到相逢的喜悦了。

但将冷眼观螃蟹，看你横行到几时。

译文 

且用冷峻的眼光观看横行的螃蟹，看你究竟能横行霸道到什么时候。

评点 

语出元代杨显之《潇湘雨》。原句为："常将冷眼看螃蟹，看你横行得几时。"此句常被用来表达人们对邪恶势力的不满和愤慨。当一些恶势力横行霸道，人们一时还没有力量去打击这些恶势力时，只好把愤怒暂埋心底，冷眼观看这些恶势力，而且坚信正义必定战胜邪恶，多行不义必自毙。

见事莫说，问事不知。闲事休管，无事早归。

译文

看见什么事不要说，问什么事情就说不知道，闲事不要管，无事早回家。

评点

这是典型的“事不关己，高高挂起”、“明哲保身”的人生哲学。人是社会中的人，人与人之间有多种多样的联系，想脱离各种联系，做桃花源中人是不可能的。有些事情该说就得说，该管就得管，不要怕惹麻烦，不要怕得罪人。当然，说话、管事也要注意对象、场合，讲究方式方法，说话要有根据，办事要讲原则性和灵活性相结合。

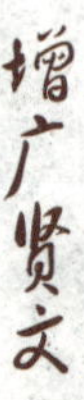

假缎染就真红色，也被旁人说是非。善事可作，恶事莫为。

译文 

即使绸缎染的是真红色，也难免有人说三道四。好事要多做，坏事不可为。

评点

做任何一件事情，总会有人议论，这是正常的。有些事，可能大多数人赞同，少数人不赞同；有些事，可能是少数人赞同，大多数人不赞同。但不论别人怎样议论，只要事情做得对，就应该坚持，没必要去听闲话。尤其是对社会、对他人有益的事更应该多做。而那些对社会、对他人不利的事是坚决不能做的。

许人一物，千金不移。

译文 

答应给别人的东西，即使有人以千金相换也不能反悔。

评点 

《资治通鉴·唐纪》曾有“丈夫一言许人，千金不易”句，这句似从此句演化而来。忠信是人立身之本。做人要讲信誉，重诺言，说到做到，不食言，不违约，不失诺。做不到的事情，不要轻易承诺，一旦承诺就应言必行，行必果。一个人一旦失信，则威信全无，在同事、朋友之间也就难以立足了。

龙生龙子，虎生虎儿。龙游浅水遭虾戏，虎落平阳被犬欺。

译文 

龙生龙，虎生虎。龙在浅水虾也敢戏弄，虎落入平川反被狗欺负。

评点 

“龙生龙，凤生凤，老鼠生来会打洞”，这是典型的血统论。“龙游浅水遭虾戏，虎落平阳被犬欺”，是讲有权有势的人，一旦失去权势，其境遇连普通百姓都不如。有一句话叫做“落配的凤凰不如鸡”，说的意思与这句基本相同。用今天的眼光看，这句话也要辩证地看，一是有的人原来有权有势，但欺压百姓，一旦失去权势，人们当然要出出心中怨恨之气。二是有的人蒙受不白之冤丢官失权，这样的人就应该同情，不应该说风凉话，再雪上加霜。

一举首登龙虎榜，十年身到凤凰池。十载寒窗无人问，一举成名天下知。

译文

一次科举考试，名字就登上了龙虎榜，苦读十年，终于获得了大展宏图的机会。十年在寒窗下苦读没有人问津，一下子成名后天下人都知晓。

评点

龙虎榜，泛指科举制时公布中举者的榜示。凤凰池，魏晋时的中书省，掌管机要，因接近皇帝，故称“凤凰池”。这两句宣扬的读书做官的名利思想不可取。但认真刻苦读书还是应该的。无论做什么事情，要想成功都必须下一番苦功夫。尤其是学习，不耐得十年冷板凳，是学不出名堂来的。

酒债寻常行处有，人生七十古来稀。养儿防老，积谷防饥。

译文

喝酒欠债的事到处都有，能活到七十岁的人却不多。养儿是为了年老有所依靠，积储粮食是为了防备饥荒。

评点

第一句出自唐代杜甫《曲江二首》中的第二首诗，原诗前四句是："朝回日日典春衣，每日江头尽醉归。酒债寻常行处有，人生七十古来稀。"后句出自明代冯梦龙《警世通言·宋小官团圆破毡笠》："养儿待老，积谷防饥。""酒债寻常行处有"句不可取，为了喝酒到处欠债不值得。"养儿防老"，这是中国的传统观念，现在大多数中国人仍然保留这一观念。他们认为养儿比养女强，养儿续后，不断香火；养女是要嫁人的，嫁出去的女，泼出去的水。如今时代变了，养儿养女都是一样。再说，老人养老问题已有社会保障。"积谷防饥"是有道理的，尤其是我们这么大的国家，十多亿人口，更要储粮备荒。

当家才知盐米贵，养子方知父母恩。常讲有日思无日，莫把无时当有时。

译文

当家后才能体会钱财来之不易，生养了儿女才能理解父母的养育之恩。生活好了要常常想想日子贫困的时候，条件不好时不要像条件优越时那样铺张浪费。

评点

第一句讲得颇有道理，事不经过不知难。不当家理财不会懂得怎样过日子，不会知道过日子的艰难。没有养过儿女的人，很难体会做父母的艰辛以及为了儿女含辛茹苦，把全部的爱都用到了儿女身上的良苦用心。只有当自己也生儿育女的时候，才能更深刻地理解父母的恩情。后一句出自明代冯梦龙《警世通言·桂员外途穷忏悔》，原句为："常讲有日思无日，莫待无时思有时。"这句要比上句说得好。过日子要有长远打算，要有计划，要细水长流。不要有钱了大吃二喝，花钱如流水，没钱了，日子难过了，再想当初的好日子也无济于事了。

时来风送滕王阁，运去雷轰荐福碑。

译文 

运气好时，不利的情况也能变好，运气不佳，好的局面也会变坏。

评点 

滕王阁，唐高祖之子滕王元婴为洪州刺史时始建，唐咸淳三年刺史阎伯屿重修，定于九月九日宴宾客于阁。九月八日晚，王勃省亲，船泊于马当，距洪州(南昌)七百里。是夜水神报梦助风，使其于九日晨抵阁赴宴，并作了著名的《滕王阁序》，得以扬名天下。雷轰荐福碑，出自元代马致远杂剧《半夜雷轰荐福碑》。说宋朝范仲淹镇守鄱阳时，一书生向他献诗哭穷，言自己一生贫寒，没吃过一餐饱饭。范仲淹见他字写得好，叫他去临摹荐福寺的碑文出售获利，并为其准备好了纸墨。谁知当夜荐福碑却被雷击毁。

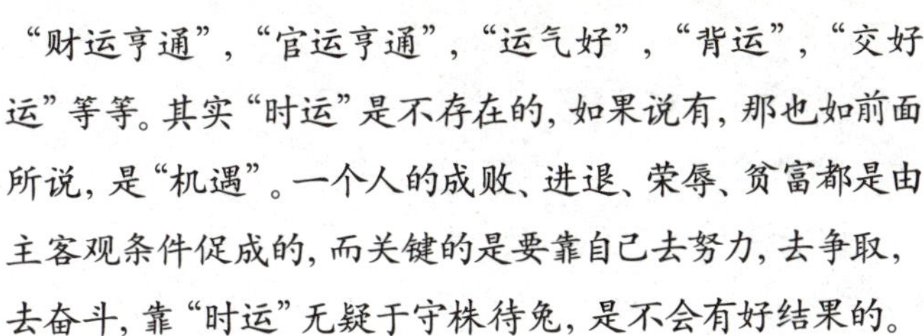

时气、命运或运气都是宿命论的说法。自古以来，人们就谈论运气，什么“时来运转”，“福星高照”，“财运亨通”，“官运亨通”，“运气好”，“背运”，“交好运”等等。其实“时运”是不存在的，如果说有，那也如前面所说，是“机遇”。一个人的成败、进退、荣辱、贫富都是由主客观条件促成的，而关键的是要靠自己去努力，去争取，去奋斗，靠“时运”无疑于守株待兔，是不会有好结果的。

入门休问荣枯事，观看容颜便得知。

译文 

进门不必问主人得意与否，看看他的脸色表情也就知道了。

评点 

一般人的喜怒哀乐往往形于色，有了喜事，春风得意。过上好日子时，喜上眉梢，得意洋洋；相反，遇上难事，日子过得不顺心，则往往愁眉苦脸，精神不振。脸色是人内心世界的一面镜子，所谓察颜观色，就是窥视他人的内心世界。当然，也有城府很深的人，遇事不动声色，靠“观看容颜”就很难判定“荣枯事”了。

官清书吏瘦，神灵庙祝肥。

译文 

为官的清正廉洁，下面听差的就不会有油水捞；庙里的神仙显灵，香客就会络绎不绝，也就养肥了管香火的人。

评点 

自古以来，人们就崇敬清官，憎恨赃官。唐代魏征、宋代包拯、明代海瑞、清代林则徐清正廉洁，为官不贪，为后人所敬仰。汉代桓宽在《盐铁论·疾贫》一文中说：“欲影正者端其表，欲下廉者先之身。”为官清政，则下属不敢贪赃枉法；反之，则上行下效，上梁不正下梁歪。

息却雷霆之怒，罢却虎狼之威。

译文 

平息雷霆般的怒火，收敛起虎狼般的威风。

评点 

能发雷霆之怒、施虎狼之威的，一般都是有权有势之人，平民百姓一般是敢怒不敢言的。然而那些仗势欺人之徒，往往会惹得天怒人怨，怨声载道，到头来终究会被人民所唾弃。作为普通人，遇事也要冷静，不要动辄发怒。发怒，不但无助于问题的解决，有时还会把事情搞糟了。人在极度愤怒的情况下，会失去理智，干出各种蠢事。因此，要学会“制怒”，制怒也是一种思想修养。

饶人算之本，输人算之机。

译文 

能宽恕别人是做人最基本的，能捐助别人也是做人至关重要的。

评点 

人们常说：“得理不让人。”其实得理也应让人，得饶人处且饶人。饶人，说明你宽宏大量，饶人，也可以感化人，教育人。什么事情都有个度，若得理不饶人，把人逼到绝路，事情反而不可收拾。

好言难得，恶语易施。一言既出，驷马难追。

译文 

得到别人的好话很难，说别人的坏话则很容易。说出口的话，即使是四匹马拉的车也追不回来。

评点 

此语中的后两句，是从《论语·颜渊》中“驷不及舌”演化而来。宋代欧阳修《笔说·驷不及舌说》：“俗云：‘一言出口，驷马难追。’《论语》所谓‘驷不及舌’也。”元代李寿卿《伍员吹箫》第三折：“大丈夫一言既出，驷马难追，岂有反悔之理！”

这段话是说与人相处要注意两点：一是说话要谨慎。要待人和气，不要出口伤人。二是讲话要守信。言出必行，恪守诺言，不能言而无信，食言而肥。这两点是与人交往必须具备的道德准则。

道吾好者是吾贼，道吾恶者是吾师。

译文 

吹捧我的人是伤害我，批评我的人是爱护我。

评点 

此句蕴涵着一定的哲学道理。一个人在现实社会中生活，看人看事都要学会透过现象看本质。对有些善于当面说好话，花言巧语，阿谀奉承的人，一定要有所警惕。《庄子·盗跖》中有句话说得好："好面誉人者，亦好背毁之。"意思是说，喜欢当面赞誉人的人，也喜欢背后诽谤人。反之，敢于直言相谏，敢于当面批评你的人，倒是胸怀坦荡、以诚相待的诤友。

类似这方面的格言、警句、谚语还有很多，如："闻善言则拜，告有过则喜"；"开敢谏之路，纳逆己之言"；"良药苦口利于病，忠言逆耳利于行"等等，都是告诫人们要多听批评意见，少听阿谀之词。这是个人思想修养的一个很重要方面。

路逢险处须当避，不是才人莫献诗。

译文 

行路遇到危险之处应当避开，才学不佳的人就不要硬去献诗。

评点 

这两句是说，一个人要有自知之明，要正确估价自己，不要勉强去做自己力所不及的事情，更不要超出自己的能力限度去做费力不讨好的事。比如，明知路上有危险的地方，偏偏要走，那就难免要吃亏，搞不好还会把命搭上。本来才疏学浅，偏要吟诗弄赋，岂不贻笑大方？当然“量力而行”，“尽力而为”，这里的“力”是可以变化的，不是一成不变的，不要把自己的“力”看成是静止不变的。今天学识不高，通过坚持不懈的努力，学识是可以提高的。今天做不了的事情，不等于将来也做不好。天下无难事，只要肯登攀。经过顽强的努力，一个人的能力、水平是可以产生质的飞跃的。

三人行，必有我师焉：择其善者而从之，其不善者而改之。

译文 

三个人一起走路，其中一定有可以为我所取法的人。我选取那些优良部分而学习，对那些不良的方面加以改正。

评点

此话出自《论语·述而》。中心意思是教诲人们要虚心向别人学习。毛泽东曾说过："虚心使人进步，骄傲使人落后。"一个人不应故步自封，自视才高，自以为是。个人的知识、经验、工作环境、社会实践都是有限的，未知领域很多，只有虚心好学，才能采众人之长，补自己之短。

当今世界，科技革命方兴未艾，社会需要高素质的人才。我们只有不断学习，才能丰富自己的知识，更新自己的知识，才能跟上时代前进的步伐，才能在人才竞争中立于不败之地。

欲昌和顺须为善，要振家声在读书。

译文

要想家庭和睦顺利，就要多做好事；要想振兴家门，就须刻苦读书。

评点

家庭是社会的细胞，是社会的最基本单位。每个家庭都与社会息息相关。俗语说："家和万事兴。"家庭和睦幸福，对每个家庭成员是件幸事，对整个社会来讲也是件好事。而要有个和睦的家庭，须靠每个家庭成员的努力，人人都关心他人，理解他人，尊敬他人，爱护他人。家庭成员之间要如此，邻里之间也应这样。只有多做好事，多做有益于他人、有益于社会的事，才能受到人们的敬重，才能使个人的家庭融于社会大家庭之中，从中得到快乐与幸福。

"要振家声在读书"，这句话说得也有道理，尤其在今天，更有其现实意义。当今社会是信息社会，是科学技术飞速发展的社会。家庭成员文化水平的高低，不仅影响家庭成员的工作、生活以及家庭的前途和命运，而且影响到整个社会的发展与进步。因为家庭是扩大再生产的一个重要基础，这种再生产，不仅是体力和精力的恢复，更重要的是知识技术水平的提高。讲"科教兴国"，也可以讲"科教兴家"，因此，家庭必须舍得在教育上、在智力上投资，舍得在文化上消费。这是现代家庭每个成员都必须具有的现代意识。

少壮不努力，老大徒伤悲。

译文

年轻力壮时不努力学习上进，年老时只有枉自悲伤了。

评点

这两句诗出自汉乐府民歌《长歌行》。原诗全文是："青青园中葵，朝露待日晞。阳春布德泽，万物生光辉。常恐秋节至，焜黄华叶衰。百川东到海，何时复西归？少壮不努力，老大徒伤悲。"大意是说：园中青青的葵树，沐浴着阳光雨露。春阳普照大地，万物欣欣向荣。只怕秋天到了，再绿再茂的叶子花朵也要枯萎。时光就像东流水，一去不再回头。少壮的时候不努力向上，到了老年才追悔也于事无补了。

"少壮不努力，老大徒伤悲"是千古流传的名句，它道出了人才成长发展的普遍规律。年轻体壮，精力充沛，接受新知识、新事物快，不迷信，敢创新，正是学知识、长本领的大好时机。古往今来，古今中外许多有为之士，都是年轻立志，奋发努力，干出一番事业来的。

莫饮卯时酒，昏昏醉到酉。
莫骂酉时妻，一夜受孤凄。

译文

不要在早晨喝酒，否则一天昏昏沉沉直到晚上。不要晚上和妻子吵架，否则一夜都会孤孤单单无人理会。

评点

一年之计在于春，一日之计在于晨。大清早就喝酒，醉醺醺的还能干工作吗？酒适当少喝，对身体有益。但饮酒要分场合，要有节制。酒能乱性，酒大伤身，酒也能误事，甚至误人一生。

夫妻之间应相亲相爱，相敬如宾。夫妻间有了矛盾，应心平气和地谈心，多做自我批评，多理解、体贴对方，不应只责怪对方。至于男方有大男子主义，动不动就打骂妻子，那就更不对了。夫妻间的感情要用爱心去培育，任何伤害对方的言行，都会给夫妻间的感情留下难愈的伤痕。

种麻得麻，种豆得豆。天网恢恢，疏而不漏。

译文

种麻得麻，种豆得豆。天网广大无边，虽然网孔稀疏，但绝不会有一点漏失。

评点

这句中的"天网恢恢，疏而不漏"源自《老子·第七十三章》："天网恢恢，疏而不失。"俗话说："种瓜得瓜，种豆得豆"，为人做事要考虑后果，自己种下的苦果，最终要自己去尝。不要做违犯法律的坏事，违法犯罪，终会受到法律的制裁。今天，常用"天网恢恢，疏而不漏"一句告诫那些犯了罪而又企图逃避法律制裁的人，及早回头，投案自首；同时也告诫那些企图犯罪而又未见诸行动的人悬崖勒马，悔过自新，不要一误再误，抱恨终生。

见官莫向前，做客莫向后。

译文

看见当官的不要往前凑，到人家做客不要往后缩。

评点

封建社会官贵民轻，多数官吏欺压百姓，老百姓对官吏敢怒不敢言，避官如避虎。因此，见到当官的来了，远远地就躲开，没有敢往跟前凑的。这从一个侧面反映了封建社会官民之间的对立矛盾。

到人家做客，应大大方方，不要畏首畏尾往后缩，不要小家子气。作为主人，也应对客人热情相待，消除客人的拘束心理，使客人真正有宾至如归的感觉。这也是人际间交往的起码常识。

宁添一斗，莫添一口。

译文

宁愿多添一斗粮，不愿多添一口人。

评点

封建社会的中国，是以农业为主的自给自足的自然经济。生产工具落后，生产力水平低下。农民主要靠天吃饭，抗灾能力很差。因此，盼望有个好年景，多打点粮食。多一口人，就多一张吃饭的嘴，人们在糠菜半年粮的情况下，谁也不愿意添人进口。

今天，中国的社会制度虽然不同了，但人口的压力仍然是制约中国经济发展的一个重要因素。所以上面那句古训，对我们今天来讲仍有现实意义。我们仍然要坚持计划生育的基本国策，一方面大力发展生产，一方面控制人口增长。

> 螳螂捕蝉，岂知黄雀在后。

译文 

螳螂正准备捕蝉，却没料到黄雀在后面正想啄它。

评点 

此句出自西汉刘向所撰《说苑·正谏》中的一个故事。吴王准备讨伐楚国，通告左右大臣："谁敢劝阻我，定斩不赦。"有位年轻的侍卫想正面劝谏又不敢，于是一大清早怀揣弹丸，手执皮弓，在后园中东张西望，转来转去，露水沾湿了一身衣服。这样连续了三个早晨。吴王发觉，感到十分奇怪，喊住他说："过来!你为什么自讨苦吃把衣服弄得稀湿?"侍卫回答："我在观察一件有趣的事情：园中有棵树，树上有只蝉，它高居欢唱，喝着露水，却不知道有只螳螂正躲在它身后打着主意；螳螂弓着腰，举双臂，正准备捕蝉，却也没料到黄雀正悄悄站在它身后咽着口水；黄雀伸长脖子去啄螳螂，却不知道有人正在树下，举着弹弓在瞄准它。这三种小动物，都只看见眼前利益，不顾潜伏在身后的祸患。"吴王听后笑着说："很有道理!"于是立即撤回了军队。

这句话蕴涵着深隽的哲理和宝贵的生活经验。世界上的事物是复杂的，也是普遍联系的。无论做什么事情，都要充分考虑有利、不利的条件，考虑到事物发展变化的多种可能情况。有利往往预兆着不利，成功常常隐藏着失败。这种变化有时是人们难以预料的。这就要求我们在处理事情时要瞻前顾后，通盘谋划，注意一种倾向掩盖另一种倾向。

不求金玉重重贵，但愿儿孙个个贤。

译文

不追求金银珠宝价值连城，只希望子孙个个都有出息。

评点

这是颇有见地的家教观。古往今来，大多数为人父母的，都希望子孙好学上进，有出息。古时孟轲的母亲，为了让儿子有个好的学习环境，几次选择邻居。东汉的荀季和，教子有方，所教的八个儿子，个个都扬名成才。岳飞的母亲，在岳飞少年时，就希望他精忠报国。陆游临终时念念不忘向儿子表达自己一片爱国之情。

金钱作为财富的象征，令多少人拜倒在其脚下。然而金钱财富多，不一定给子孙后代带来幸福，相反还可能会贻误他们一生。负责任的父母，应该首先教会儿女如何做人，教导他们从小立大志，靠自己的勤奋努力，去开辟一片新天地。《史典·愿体集》中写道："凡人坏品败名，钱财占了八分。"意思是说，大凡一个人道德品质败坏，贪图钱财是一个主要原因。所以，给下一代最宝贵的"财富"，不是为他们积攒下多少钱财，而是教会他们如何做人，以及为社会服务的本领。

一日夫妻，百世姻缘。百世修来同船渡，千世修来共枕眠。

译文 

一日成为夫妻，这是百世结成的姻缘。夫妻之间同舟共济，同床共枕，这是千世修来的，要恩爱珍惜。

评点 

男女之间结为夫妻，是讲求缘分的。俗话说的“千里姻缘一线牵”，就是说的这个理。但这缘分不是修来的，不是前世注定的。夫妻之间是以真挚的爱情为基础的，没有爱情的婚姻基础是不牢固的。

当然，既然成为了夫妻，相互间就应珍惜这份感情，同时要共同培植、加深这份感情，使夫妻之间的感情之树根深叶茂。鲁迅曾说过一句名言：“爱情必须时刻更新，生长，创造。”不注意双方感情的交流、更新、生长，长而久之，夫妻间的感情就会枯竭，就容易出现裂痕，再弥补就悔之晚矣。

杀人一万，自损三千。伤人一语，利如刀割。

译文

杀人一万，自己也要损失三千。说一句伤害人的话，如同用利刀割人的心。

评点

“杀人一万，自损三千”语出《元史本纪》。《抱朴子·疾谬》中有一句话：“伤人之语，有剑戟之痛。”其意思与上文的后半句基本相同。都是劝告人们要与人为善，不要恶语伤人。同志间、朋友间有时难免有矛盾，有误解，只要待人以诚，开诚布公、推心置腹地谈一谈，一切矛盾都可以化解，一切误解都可以烟消云散。千万不要火气一上来，什么同志之情、朋友之谊都不顾了，什么解恨的话都说，只图自己一时的痛快，不管别人心理如何。这样做，只会深深伤害相互之间的感情。好言一句三冬暖，恶语伤人六月寒。我们千万要记住这个古训，注意自己的思想修养，善待同志，善待朋友。

枯木逢春犹再发，人无两度再少年。

译文

枯木到了春天还能再次发芽，但人是不会有两次少年时代的。

评点

这两句是劝青少年珍惜青春年华的名句。史学家、文学家郭沫若曾说过：“青年是人类的春天。”青少年正是一个人一生当中最为宝贵的年华。青少年朝气蓬勃、风华正茂、精力充沛，应该好好把握青少年的大好时光，早立志，立大志，勤学习，苦奋斗，干出一番事业来。古往今来，凡有所作为的人，大都在青少年时期就已崭露头角。唐代杰出青年诗人王勃，十四岁中进士，写出许多传诵至今的著名诗句，号称“唐初四杰”之一。汉代号为“建安七子”的王粲十几岁就显露出与众不同的文学才能。战国末的甘罗，十二岁就被秦王封为上卿。三国时期的诸葛亮二十六岁时未出茅庐，已料定三分天下。但也有些年轻人，不珍惜时光，青春虚度，这些青少年应以上面两句话自勉。

未晚先投宿，鸡鸣早看天。

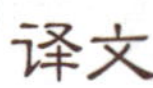

出门在外，天未晚就应找店住宿，鸡叫天亮了就要抓紧赶路。

评点 

古代因交通工具不发达，出外探亲访友，求学办事，一般都是步行，全靠两条腿。为安全起见，都是昼行夜宿。这两句是嘱咐出门在外的亲人，要小心起居，注意安全。如今交通非常便利，这两句话也就失去意义了。

将相顶头堪走马，公侯肚里好撑船。

译文 

将相的头顶能跑马，公侯的肚里可行船。

评点 

明代叶盛《水东日记》中曾有“宰相肚内好撑船”一句，与这两句意思相同，而且今天人们常用的也是这一句。但人们用“公侯肚里好撑船”或“宰相肚内好撑船”时，往往是希望别人的“肚里好撑船”，劝别人不要计较小事，要宽宏大量。其实，当宰相的或者广而言之当官的不一定都是度量大的人。

每个人都应胸怀宽广，待人宽宏大量，这是做人的品质。不要心胸狭窄，小肚鸡肠，不要和同事发生点小矛盾，就耿耿于怀，甚至反唇相讥，见面连话都不说，那样，未免有点小家子气。海纳百川，有容乃大。要有大海般的胸怀，要善容纳，能容人，能理解别人，体谅别人。若能做到这一点，再大的矛盾也能化解，意见再不相同的人也能团结。当然，做到这一点并非易事，需要平时努力锻炼自己，加强个人思想修养。

富人思来年，贫人思眼前。

译文 

富人考虑得很远，穷人只考虑眼前的事。

评点 

有钱的人，总爱思考来年如何再赚大钱；穷人却只能考虑如何解决燃眉之急。这也是存在决定意识。穷苦人衣不蔽体，食不果腹，眼前生存是大事，怎么能去考虑长远的事呢？但是这两句话说得也不全面。富人也不都是想得很远，也有些富人，今朝有酒今朝醉，有钱大肆挥霍，没有长久打算。穷人也有见识远大的，为改变自身困境，卧薪尝胆，穷则思变，发愤图强，最终由穷变富。

世上若要人情好，赊去物件莫取钱。

译文 

为人在世要想人缘好，赊欠给别人的东西就不要收钱。

评点 

要想人缘好，关键是要心地善良，乐于助人。为人处事，多为他人着想，急他人所急，帮他人所需。以助人为乐为荣，以损人利己为耻。至于赊欠给别人东西是否要钱，那要视具体情况而定，有的东西该收钱还是要收钱的，收钱也不一定影响人情关系。何况人情也不是靠金钱所能买到的。

死生有命，富贵在天。

译文 

人的生死是命里注定的，富贵是上天安排的。

评点 

这句话出自《论语·颜渊》。这是唯心主义的宿命论观点。唯心主义者虚构的"命"，即天命，宣扬人的吉凶祸福、寿夭贵贱等一切遭遇都是命中注定的。在旧社会，统治阶级宣扬这句话，是用来愚弄劳苦大众，让劳动人民安于贫穷和苦难，不要起来造反。现今这句话已毫无可借鉴之处。

击石原有火，不击乃无烟。人学始知道，不学亦枉然。

译文

石头相碰就会迸出火星，不去碰击就不会冒出火来。人只有学习才会明白事理，不学什么也不明白。

评点

这四句诗出自唐代孟郊《孟东野集·劝学》。原诗是：“击石乃有火，不击乃无烟，人学始知道，不学非自然。”人的知识不是与生俱来的，是后天学习得到的。一个人通过学习书本知识，学习前人经验，学习社会知识，学习生活实践，才逐渐积累起学问，开始明白事理，懂得做人的道理，不学习就不明事理，就会稀里糊涂。但学习除了靠自己努力外，还要有人指导。尤其是刚开始学习时，一定要有人指点，有人激发，有人领路。俗话说：“师傅领进门，修炼在个人。”这个领进门的“师傅”，对初学者来说，是万万少不得的。名师出高徒，有了好的导师，再加上个人勤奋努力，掌握学问就指日可待了。

莫笑他人老，终须还到老。和得邻里好，犹如拾片宝。但能依本分，终须无烦恼。

译文 

不要笑话别人老态龙钟，自己总有一天也会变老。同邻里相处好，如同捡到一块宝贝一样可贵。只要安分守己做人，一生都不会有烦恼。

评点 

这几句是讲做人的道理。不要笑话老人，要敬老。一个人从青春年少到老年是生命的自然规律，谁也不能抗拒，谁也不能逃脱，都有老的那一天。敬老是中华民族的一种美德。何况每个老年人都曾有过青春年华，都为社会做过贡献，到了晚年理应得到社会尊敬与照顾。

邻里之间要和睦相处，互敬互谅，互相帮助。有了矛盾相互之间应主动化解。邻里处好了，关键时候比亲戚还管用。人们常说“远亲不如近邻”，处个好邻居，确实胜过远亲。

做人要安分守己。这里讲“安分”，是讲不要做违法乱纪的事，要保持自身所具有的品节。一个人在社会上应该踏踏实实做事，堂堂正正做人，这样就不会有烦恼缠身。

大家做事寻常，小家做事慌张。大家礼义教子弟，小家凶恶训儿郎。

译文

大户人家把做事看得很平常，小户人家做起事来慌里慌张。大户人家用礼义教育子弟，小户人家只知用恶言训斥子孙。

评点

“大家”，一般指那些有地位、有身份的人家，“小家”往往指平民百姓。这是旧的社会制度下的一种说法。其实，这种“大家”、“小家”的分法是不科学的。无论做事还是教育子女，每个家庭都各有自己的经验和习惯，不能简单地用“大家”与“小家”来划分。有一些有权有势的大户人家，在教育子女方面却是失败的；反之，一些穷苦百姓，出身寒门的子女，往往成为国家的有用之才。家教是启蒙教育，也是奠基教育，一个人一生的习惯和品质往往是在家庭的教育中获得的，有些可能会影响他的一生。因此，家庭教育是不可忽视的主要教育环节。

君子爱财，取之有道；贞妇爱色，纳之以礼。

译文 

君子也喜爱钱财，但都是通过正当途径得来的。守本分的妇女也喜欢打扮，但要符合礼义规范。

评点 

钱财本身并不存在好、恶问题。在生活中，谁也离不开钱财。问题的关键是获取钱财的渠道和手段。现今社会，人们也常讲“不要赚昧心钱”。“取之有道”的“道”，就是通过诚实劳动，通过正当的、合法的途径去赚钱。不能为了钱财，不择手段，甚至去做违法乱纪、伤天害理的事。在当前发展市场经济的条件下，“君子爱财，取之有道”这句话还是有现实意义的。

善有善报，恶有恶报，不是不报，日子未到。

译文 

做好事会有好的报应，干坏事会有坏的报应。不是不报应，只是时间迟早问题。

评点 

元代无名氏《来生债》第一折中讲：“善有善报，恶有恶报，不是不报，时辰未到。”与上四句只是两字之差。虽然是讲因果报应，但确是警世之言。告诫人们要多做善事，做有益于人民、有益于社会的事。不要做坏事，做了坏事也不要有侥幸心理，早晚会遭报应，这报应就是法律制裁。所谓“多行不义必自毙”就是讲的这个道理。

万恶淫为首，百行孝当先。

译文 

各种罪恶之中淫乱为首，各种行为当中孝道为先。

评点 

封建社会把女人视为祸水，男人肆意淫乱，却把罪名推到女人身上。各种清规戒律限制女人言行，宣扬贞节烈女。

孝道也是封建礼教中重要内容之一。子事父以孝，臣事君以忠，历代统治者都把提倡孝道作为立身教民的根本，建国治邦的基础。元代还出版了《二十四孝》故事，广为宣传孝道。

今天我们提倡孝敬老人，孝顺父母，虽然与封建社会宣扬的孝道有一定联系，但本质上还是有区别的。我们虽然讲要孝敬老人，但子女与长辈在人格上是平等的，不存在“父教子亡，子不得不亡”的问题，也不是儿女什么事都唯父母之命是从。

人而无信，不知其可也。

译文

一个人不讲信用，真不知道他还能干什么事情。

评点

此语出自《论语·为政》。讲信誉是一个人的重要品质。大丈夫一言许人，千金不易。一个人守信，才能取得别人信任，才能立世做人。如果言而无信，食言而肥，谁还肯与之相处？一个人是如此，一个单位、一个企业都应重信誉，取信于民。黄金有价，但信誉是无形资产，两者相比，信誉更重要。

一人道虚，千人传实。

译文

一个人编造出来的事，经过上千人传来传去就变成真事了。

评点

这句出自宋代释道原《景德传灯录》。汉代王符《潜夫论·贤难》中也有“一犬吠形，百犬吠声。一人传虚，万人传实”的说法。世上有许多事都是如此，本来是闲说笑话的事，可是传来传去却成了真事了。还有不大的事，经多人一传，就走了样，添枝加叶，越传越神。这说明，世上有许多人，遇事不爱动脑筋，不爱分析，误听误传，结果不但误了自己，也误了别人。这句话告诫人们，道听途说的事不可信，也不要去宣传。遇事要多冷静分析，不要盲目地当人家的传声筒、扬声器。

凡事要好，须问三老。若争小可，便失大道。

译文

凡事要想办好，必须向有学问有道德的老人请教。在一些小事上斤斤计较，便会失去更大的东西。

评点

“三老”是古时掌管教化的乡官。无论做什么事情，多请教别人，多听听各方面的意见，总是有益处的。俗话说：“三个臭皮匠，合个诸葛亮。”集思广益，集中众人智慧，事情会办得更好。特别是对有丰富经验的老同志，更应该虚心向他们请教。

做人处事不要在小事情上斤斤计较，也不要在一些非原则问题上争论不休。小事讲风格，大事讲原则。要宽宏大量，不要小肚鸡肠，要抓大事，不要狗苟蝇营。

家中不和邻里欺，邻里不和说是非。

译文

家庭内部不和睦就会受邻里欺负，邻里之间不团结就会经常发生口角。

评点

这两句是告诫人们注意家庭和睦与邻里团结。居家过日子这两条都很重要。家庭不和，整日吵闹不休，邻里必会笑话，家庭内部闹不团结，对家庭成员的身心会产生消极影响。家和万事兴。唐代诗人杜荀鹤曾有一句诗：“团圆便是家肥事，何必盈仓与满箱。”只要一家人团团圆圆，和和美美，用不着粮食满仓，金银满箱。他很看重家人之间和睦团结，说得很有道理。

邻里之间也应搞好团结。邻里不和，整日吵闹，或见面像乌眼鸡似的互不说话，那该有多别扭。邻里相处要以和为贵，要相互信任，相互谅解，相互帮助。

年年防饥，夜夜防盗。

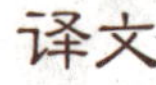

译文

每年都要防备闹饥荒，每天夜里都要提防盗贼。

评点

民以食为天。备粮备荒是百年大计，千年大计，时刻疏忽不得。居家过日子也要克勤克俭，不要铺张浪费，要爱惜粮食，珍惜劳动人民的血汗。

夜夜防盗，是讲时刻要警惕盗贼，不可一时疏忽。小偷、窃贼也善钻人们的空子，如果家家都扎紧篱笆，野狗也就很难进来了。

好学者如禾如稻，不好学者如蒿如草。

译文

好学习的人像禾苗庄稼一样是有用之材，不愿意学习的人像蒿草一样只配当柴烧。

评点

好学习的人，追求知识的人，才能成为社会有用之材。不学习就会愚昧，而愚昧从来不会给人们带来幸福。不学无术的人，心灵是黑暗的，而心灵的黑暗只有用知识来驱除。当今科技飞速发展，不学习就要落后于时代，不学习，没有知识，将在社会上无立足之地。下个世纪是知识竞争的时代，也是人才竞争的时代，我们应牢记古训，发奋学习，用知识武装自己，用知识报效国家。

遇饮酒时须饮酒，得高歌处且高歌。

译文

遇到饮酒的机会就开怀畅饮，有唱歌的机会就放声高歌。

评点

这两句有豁达面对人生一面，但也有“人生苦短，及时行乐”的无为人生一面。人生应该豁达，正确对待人生的进退、名利、荣辱和顺逆。但人生要有个明确的奋斗目标，要有所作为。不能游戏人生，单纯去追求个人的享乐，庸庸碌碌地过一辈子。

因风吹火，用力不多。不因渔父引，怎得见波涛。

译文

凭借风力吹火，无须用很大力气。没有渔翁引导，怎能经风浪见世面。

评点

这两句是讲做事情要善于利用客观条件。事物的发展主要靠内因，在充分发挥内因作用的前提下，还要积极利用外因。能否善于利用外部条件和力量，是关系到事业成败的大问题。做任何事情，都要考虑到主客观两方面条件，把主观能动性与客观可能性结合起来，力争取得事半功倍的效果。

无求到处人情好，不饮任他酒价高。

译文 

不求助于人，与他人的关系自然就好，自己不喝酒，任凭他酒价再高也无所谓。

评点 

人情好坏不在于求人不求人，而在于真诚待人。同志间、朋友间乃至亲戚之间只要以诚相待，以真心换真心，相互关心，相互理解，就可以产生真挚的感情，就可以结成深厚的情谊。每个人都是社会的人，每个人都与他人有着广泛的联系。一个人在工作、生活中难免会遇到这样那样的困难和问题，需要他人的帮助是再正常不过了，那种万事不求人的想法是不对的。求人和助人是生活中常有的事，想不给他人添麻烦是可以理解的，但想通过不求人去换取好人缘是不对的，也是办不到的。

知事少时烦恼少，识人多处是非多。

译文 

知道的事情少烦恼自然也会少，认识的人多招惹的是非也会多。

评点 

这是一种消极的人生哲学。知道的事情多，说明见多识广，是件好事。人生阅历广，有经验可学，有教训可鉴，是人生的宝贵财富，何谈“烦恼”二字？如果不关心世事，孤陋寡闻，懵懵懂懂过日子，那活在世上还有什么意思？

人与人之间需要交往，这也是正常的。一个人总不能离群索居，落落寡合，那样岂不成了孤家寡人？认识的人多，从人际关系上讲也是好事。只要正常与人相处，就不存在招惹是非问题。即使相处中有了矛盾也不足为怪，不能因怕惹是非就画地为牢，把自己与世隔绝起来。

世间好语书说尽，天下名山僧占多。入山不怕伤人虎，只怕人情两面刀。

译文 

人世间的好话都让书本上说尽了，天下的名山多数被寺庙僧人所占。上山不怕伤害人的老虎，只怕人情关系中两面三刀的人。

评点

人世间的好话未必都被书说尽，书上的话也是来自生活实践，来自人民，书是流，人民的生活实践则是源泉。人民群众的语言是非常丰富的，再多的书也未必都能写尽。何况有些书说的也并非都是好话，误人子弟的话、伤风败俗的话、诲淫诲盗的话有些书也说。

生活中那些嘴甜心毒、两面三刀的人，确实比老虎可怕。因为虎害人在明处，一看便知，好提防；而两面三刀的人，往往使人难以提防。他们常常当面是人，背后是鬼，明是一盆火，暗是一把刀，上头笑着，脚下使绊子，防不胜防。

强中更有强中手，恶人终受恶人磨。

译文

强者上面还有更强的人，坏人自会有更厉害的人来对付。

评点

此句出自元代无名氏杂剧《桃花扇》。人上有人，天外有天，不要自视高强，更不能恃强凌弱。一个人要有自知之明，要正确评价自己。古人有云："强而骄者损其强。"再有本事的人，也不能盲目自高自大。

恶人，做坏事的人，只能做恶一时，最终会受到人民的制裁。

会使不在家豪富，风流不在着衣多。

译文

会使用的人不在于家里有多少财富，风流的人不在于穿多少华丽的衣服。

评点

居家过日子，也要学些家政之道，学会理财，学会筹划。比如同样办一件事情，会办的人，花钱不多，但办得有条有理。不会办的人，钱花了不少，但没用到点子上。

风流潇洒的人，有内在气质，有不同于一般人的魅力。因此，他们无论穿什么衣服，都让人感到不同凡响，超凡脱俗，可谓“淡妆浓抹总相宜”。相反，缺乏内在气质与魅力的人，即使穿得再华贵，也会显得俗不可耐。而这种内在气质是一个人自身素质的综合体现，不是靠外包装所能解决的。

光阴似箭，日月如梭。天时不如地利，地利不如人和。

译文

时光流逝像飞箭，日升月落如穿梭。时机好，不如地理条件好；地理条件好，不如人团结好。

评点

“天时不如地利，地利不如人和”，此句出自《孟子·公孙丑下》。“天时”、“地利”与“人和”三者都很重要，但相比较“人和”更重要。“人和”反映了人心的向背，人们的团结，人们的士气。两军作战，双方把握的战机，所处的地形条件，军队的整体素质都是不一样的。有了有利战机和地形，再加上军队官兵的高度团结统一，就可以稳操胜券。当然，“天时”、“地利”、“人和”的主要地位和作用也不是一成不变的，在一定条件下是可以转化的。如农业生产中常遇到的天灾就很说明问题。人勤，地也不懒，可是一场大洪水，就可以使眼看丰收到手的庄稼冲得颗粒无收。

黄金未为贵，安乐值钱多。

译文

黄金算不上宝贵，平安快乐的生活才是最宝贵的。

评点

这两句说得颇有道理。在当今社会，黄金还是比较贵重的，一般人家有几件黄金饰品就很不错了，多数人没有拥有更多黄金的奢望。但大多数人家都希望能有个安宁温馨的家，过上平安快乐的生活。人们居家过日子，不能没有金钱，但不能视钱如命，不能贪图金钱，不能为了聚敛金钱而忘了亲情友情，更不能为了金钱而违法乱纪，丧失本来属于自己的安宁快乐的百姓生活。

万般皆下品，唯有读书高。

译文 

世上一切职业都是低下的，只有读书做官才是最高贵的。

评点 

这句出自元代郑廷玉《金凤钗》。

这两句宣扬读书做官不可取。社会发展需要各行各业，各行各业需要各种人去干。离开了各行各业的协调发展，社会既无法生存，也谈不上发展进步。如果都去读书做官，岂不坐吃山空?显然，“唯有读书高”这是一种官尊民贱的“官本位”思想，这种思想至今还在社会上有一定影响。

读书只为做官的思想要不得，但书还是要读的。在知识经济的今天，各行各业的知识含量越来越多，无论干哪一行，无论从事什么职业，不读书、没有知识是干不好的。职业无贵贱，能力有高低。只有加强学习，才能提高自己的从业本领，才能在人才竞争中立于不败之地。

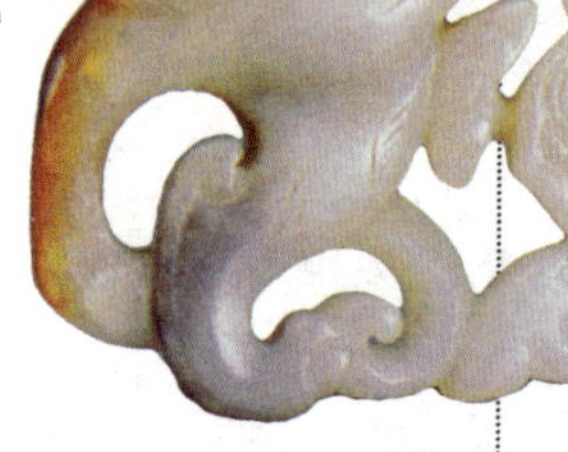

为善最乐，为恶难逃。

译文 

做好事令人高兴快乐，做坏事罪责难逃。

评点 

此句出自清代阮葵生《茶余客话》。“为善最乐”，体现了一种很高的思想境界。做好事，不是图名图利，而是寻求一种精神境界，能做到这一点很不容易。做好事，于他人有益处，于社会有益处，于自己也有好处。现代医学表明，经常乐于助人的人，心胸开阔，情绪乐观，心理素质好，身体免疫力也强，从而健康状况也良好。当然做好事要坚持经常也不是容易的事，需要有一种奉献精神。

那些为非作歹之徒，以害人开始，必定以害己告终，难逃人民的最终制裁。

羊有跪乳之恩，鸦有反哺之义。孝顺还生孝顺子，忤逆还生忤逆儿，不信但看檐前水，点点滴滴旧窝池。

译文 

羊羔跪着吃奶报答母亲的恩德，乌鸦有报答养育之恩的情义。孝顺的人生的孩子也孝顺，不顺从的人生的孩子也是逆子，不信的话只要看看屋檐流下的水，点点滴滴都流在旧坑里。

评点 

羊跪乳，鸦反哺，动物尚且知养育之恩，人岂能不孝敬父母?孝敬父母是中华民族的优良传统。这种传统应该代代相传。为人父母的首先要孝敬老人，自己的孩子才能通过耳濡目染学会怎样孝敬父母，如果大人对老人不尊不孝，那么他的孩子也不会是孝顺的孩子。这说明，在家教中，身教胜于言教。

隐恶扬善，执其两端。

译文

不讲别人的坏处，多讲别人的好处，要把握住这两点。

评点

此句出自《中庸》第六章。对他人多表扬、少批评是对的。但该批评还得批评，不能走极端。有的毛病、缺点，别人不批评，自己又意识不到，或自己知道，却不以为然，发展下去也可能会铸成大错。现在人们常说：“优点不讲没不了，缺点不改不得了。”这两句要比“隐恶扬善”好。善要“扬”，但恶不能“隐”，要除。

妻贤夫祸少，子孝父心宽。

译文

妻子贤惠，丈夫的灾祸少；儿子孝顺，父亲的心宽畅。

评点

这句出自元代李直夫杂剧《虎头牌》。妻子贤惠，子女孝顺是应该提倡的。但作为封建礼教，强调的只是一方面。妻子应该是贤妻良母，要做到“三从四德”，而丈夫却可以三妻四妾，寻花问柳，打妻骂子。儿子要孝顺，要唯父命是从，父母在儿子不能远游，父亲却实行家长制，说一不二。

这些在今天是行不通的。家庭的和睦、幸福，需要每个家庭成员共同努力，不只是一两个家庭成员的事。妻子要贤惠，子女要孝顺；做丈夫的也应疼爱妻子，作为父母要关心、爱护子女。

人生知足何时足，到老偷闲且自闲。但有绿杨堪系马，处处有路通长安。

译文

人一辈子也没有满足的时候，年老时当忙里偷闲颐养天年。只要有绿树就能拴马，处处大路可通往长安。

评点

俗语说：“知足者长乐。”这里的“知足”主要是指对个人利益的满足，对个人的名利、地位，个人的家庭生活要知足。对个人利益总是不满足，得陇望蜀，人心不足蛇吞象，那就会自寻烦恼。当然“知足”与“不知足”也是辩证的。对个人利益要知足，但对工作、对事业、对学习应该永不知足，要不断给自己提出新的目标、新的要求。

一个人生活在世上要心胸豁达，遇到不顺心的事要想得开，不要钻牛角尖，不要一条道跑到黑。换一种思维方式，会别有一番天地。

既坠釜甑，反顾何益？已覆之水，收之实难。

译文 

事情到了无法挽回的地步，反悔也没有什么用处了。已经倒在地上的水，再收起来实在难。

评点 

做错的事情，悔之已晚，但亡羊可以补牢。应该从中吸取教训，前事不忘，后事之师，失败和错误也是人生的老师，会使人成熟起来。

诚然，我们无论做什么事情，都应三思而后行，都要经过充分的思考和准备，要考虑到事情发展的几种可能，考虑到事情的后果。做事不顾后果，往往会铸成大错。一个人活在世上，想一点错误不犯，一点错事不做是不可能的。但要力求少犯，犯了错误，做了错事，应尽快改正，吃一堑，长一智，不再犯类似的错误。

见者易，学者难。莫将容易得，便作等闲看。

译文 

在旁边看人家做觉得很容易，一旦自己学起来就觉得很难。不要把轻易得到的东西，看得很平常。

评点 

工作、生活中有好多事情都是看起来容易，真要是自己去学、去做就觉得很难，这说明从认识到实践的飞跃并不是件容易的事情。比如看人家练气功，比比划划，好像挺容易，但自己一做就不是那回事了，手忙脚乱，动作也不到位。

其实，做好任何一件事情，都必须下功夫。樱桃好吃树难栽，不下苦功得不来。只要下功夫，学者也不难，天下无难事，只要肯登攀。

用心计较般般错，退步思量事事宽。

译文 

算计太精了反而成错，退一步想想处理事情的路子就会宽。

评点 

一个人对个人的事情、个人的利益不必多计较。太计较了，整天想自己这个吃亏了，那个占便宜了，那就活得很累。有些人为了蝇头小利也斤斤计较，挖空心思到处算计，到头来还是竹篮打水一场空。

同事之间有了矛盾，也要冷静对待，不要一遇事就火冒三丈，非要争个你高我低。有些事情，有时只要冷静想一想，或设身处地为他人想一想，换位思考一下再去处理，会有助于事情的解决。即使真理在自己一边，也要得理饶人，不要把事情搞得不可收拾。善于处理矛盾，是门学问，也是门艺术，应该在实践中注意学习和把握。

道路各别，养家一般。从俭入奢易，从奢返俭难。

译文

各人所走的道路虽不一样，但其目的都是养家糊口。由俭朴到奢侈很容易，由奢侈再到俭朴就难了。

评点

宋代司马光在《训俭示康》中写道："由俭入奢易，由奢入俭难。"其意思同上句讲的基本一致。俭朴也是中华民族的美德。一个人也好，一个家庭也好，都应提倡节俭、朴素，反对奢侈浪费，即便生活水平提高了，也应注意俭朴。节俭朴素对一个民族、一个国家来说，也是十分重要的。唐代诗人李商隐说得好："历览前贤国与家，成由节俭败由奢。"改革开放以来，我国人民生活水平有了很大提高，但随之而来的奢侈浪费之风也很严重，应该在全社会大兴勤俭之风。

知音说与知音听，不是知音莫与弹。

译文

知心的话说给知己的人听，不是知己就不要跟他谈。

评点

相传古代俞伯牙善弹琴，只有钟子期能听得懂他弹

琴。钟子期死后，俞伯牙感到世上已无知音，于是就摔断琴弦，不再弹琴。人生贵相知，人生难得一知己。同知己、知心的人，可以无话不谈，那是因为相互之间非常了解，非常信任。但一个人在世上寻得一知己者是不容易的，一旦有了知心朋友，就应珍视相互间的友谊。同时，也应注意广泛团结周围的同志，不能把自己划定在一个极小的圈子里。

点石化为金，人心犹未足。

译文 

即使点石成金，人心还是不满足。

评点 

《广谈助》中有一个故事，有个人家境贫寒，尽管连香烛都买不起，但天天供奉道仙吕祖洞宾的神位。吕祖为他的虔诚而感动，便驾祥云，飘落在他家庭院中。吕祖见他家一贫如洗，心生怜悯，便伸出一根指头，指着院中的半截磨盘，"咄"的一声，石磨瞬间变成了黄金。吕祖问他："这块黄金送给你，要不要？"这个人倒头就拜，连说："不要，不要！"吕祖喜出望外，说："你这般不爱钱财，可以传授给你真道。""不，不……"那个人支吾了半天，说："我是想要你点金的这只指头。"这个故事，很能说明上面那句话，石头成金了还不满足，还要点石成金的指头。贪恋金钱的人，永远不会满足，但贪婪是一切罪恶的根源。贪婪既害人，也害己。

信了肚，卖了屋。

译文

随意大吃大喝，卖了房子也满足不了。

评点

社会上一些人为了一饱口福，不亏了肚子，整天大吃大喝。他们信奉“人生在世，吃穿二字”。吃喝之风，古已有之，于今为烈。现在饭店酒楼越盖越多，星级宾馆越盖越大，公款吃喝屡禁不止，美酒佳肴花样翻新：从宫廷大宴，到西式大餐，可谓古今中外吃个遍；从飞禽走兽，到生猛海鲜，可谓天上地下吃个全。如此吃喝，不是卖了个人的房屋，而是吃坏了党风，吃出了腐败。反腐倡廉，不煞住吃喝风就是一句空话。

谁人不爱子孙贤，谁人不爱千钟粟，奈五行，不是这般题目。

译文

谁不喜欢子孙后代贤能有出息，谁不希望家里藏有大量的粮米，但五行中不包括这些。

评点

“五行”，一指水、火、木、金、土五种物质。另指仁、义、礼、智、信。后者也称“五常”。这里讲的“奈五行，不是这般题目”，应指仁、义、礼、智、信。这五行中不包括“子孙贤”、“千钟粟”的内容。实际上是让人们要重视这五项常行不变的道德标准，用此加强自身的修养，不要追求五行以外的东西。

莫把真心空计较，儿孙自有儿孙福。

译文

不要为子孙们的前途枉费心机，他们自有他们的福气。

评点

元代关汉卿杂剧《蝴蝶梦》中有一句是说：“儿孙自有儿孙福，莫为儿孙作远忧”，与上句意思基本相同。做父母的都疼爱孩子，总想为他们多考虑些，从小到大，事无巨细，考虑得十分周到。有的儿女已成家立业，父母还是放心不下。做父母的心情是可以理解的，但父母不能什么都替儿女筹划好，也不应不相信儿女的自立能力。长江后浪推前浪，一代新人胜旧人。要相信下一代会自己掌握自己的命运。

天下无不是的父母，世上最难得者兄弟。

译文 

天下没有不好的父母，世上最难得的是骨肉兄弟。

评点 

此句出自清代程允升《幼学琼林·兄弟》。天下的父母在疼爱孩子、关心孩子成长方面都是一样的。谁言寸草心，报得三春晖。父母严厉也好，打骂也好，都是为了子女好。做儿女的应体会父母的一片爱心，要孝敬父母，要立志成材，报答父母的养育之恩。

骨肉同胞，兄弟亲情是世上最为宝贵的。在任何时候，任何情况下，都不应忘记兄弟之谊，手足之情。尤其在困难的时候，兄弟之间应同舟共济，切莫煮豆燃萁，做亲者痛，仇者快的事情。

与人不和，劝人养鹅；与人不睦，劝人架屋。

译文 

与人和不来，就劝人家养鹅；与人不和睦，就劝人重新造屋。

评点 

邻里之间应以和为贵，即使有了矛盾，也应多检点自己，应严于律己，宽以待人，且莫因一点小矛盾就伤了和气。更不要使坏心眼儿，整治人家，那是很不道德的。

但行好事，莫问前程。不交僧道，便是好人。

译文

只要多做好事就行了，不要问前程如何。不与僧人和道士打交道，就是好人。

评点

“但行好事，莫问前程”一句，出自清代李汝珍《镜花缘》第七十一回。要求一个人只做好事，不要管做好事是否会给自己带来好处，这是一种很高的思想境界。一个人生活在世上，是应该多做好事，多做有益于社会、有益于人民的好事。做好事，不仅给他人带来幸福与欢乐，自己也会从中得到愉悦。毛泽东曾说过：一个人做好事并不难，难的是一辈子做好事，不做坏事。而且做好事不应图回报，一旦图回报，自己的思想境界就降低了，做好事的动机就不纯了。做好事要有奉献精神，要有牺牲精神，而这种精神的养成需要长期的锻炼与修养，不是一朝一夕就能形成的。

河狭水激，人急计生。明知山有虎，莫向虎山行。

译文

河道窄了水流自然就急，人在危急时，自然会计上心来。既然知道山中有猛虎，就不要再上山了。

评点

人在遇到紧急情况，往往会急中生智，想出自我摆脱困境、险境的办法。这是由于人在紧急情况下，出于自我保护，大脑会瞬时高度集中思维，调动以往各种经验、知识储备，以解决燃眉之急。

知道山中有猛虎，就不要上山，以免造成不必要的损失，这是明智的选择。但是有时为了克服艰难险阻，也应"明知山有虎，偏向虎山行"。

路不铲不平，事不为不成，人不劝不善，钟不敲不鸣。

译文

道路不铲不修是不会平坦的，事情不去做怎么能成功呢？人不劝导不会学好，就像钟不敲不响一样。

评点

“事不为不成”，说得非常对。什么事情只有努力去做，才能成功。光说不做、坐而论道是无济于事的，到头来只能是一事无成。

一个人在成长过程中，需要有人扶持、指导、帮助。俗语说：一个篱笆三个桩，一个好汉三个帮。光靠一个人去瞎闯，不但不易成功，有时还会走到邪路上去。朋友相处应相互关心、相互帮助，作为个人也应多争取他人的帮助，以利于自己成长。

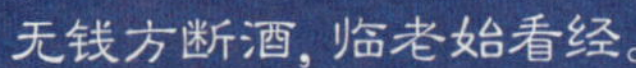

无钱方断酒，临老始看经。

译文

没钱的时候才去戒酒，年纪老了才开始读儒家经典，为时已晚。

评点

这句话至少给人们两点启示：一是做事要果断，不要等到事情已到了无可挽回的地步才去做。喝酒喝到倾家荡产，一贫如洗，再也无钱买酒的地步才想起戒酒，不是太晚了吗?!推而广之，克服一切坏毛病，却要及早下决心，果断改正，不要迁就、原谅自己。二是干事业要趁年轻，不要虚度年华。学习也好，工作也好，要趁年轻力壮时下一番功夫，打牢基础，创下基业。不要等年老体弱、力不从心的时候才想干这、干那，因为为时已晚。数学家苏步青说得好："为学应须毕生力，攀高贵在少年时。"

点塔七层，不如暗处一灯。

译文

把七层高塔都点亮灯，不如在黑暗处点亮一盏灯。

评点

此句是喻做事情要急人所急，帮人所需，要雪中送炭，雨中送伞。一个人平时工作、生活都顺顺利利、美美满满，体会不到别人帮助的重要。相反，当一个人遇到困难时，最需要别人的热情帮助。这时，哪怕是一句问候，一句安慰，都是非常珍贵的。因此，救人要救在危难之际，帮人要帮在急需之时。

堂上二老是活佛，何用灵山朝世尊。

译文

堂上二老双亲就是活菩萨，何必一定要去灵山朝拜释迦。

评点

佛门弟子讲去恶行善，普渡众生。有心意去烧香拜佛，应把这份善心首先用来孝敬父母双亲。一个不愿孝敬父母的人，即使对菩萨再虔诚，也是伪善。何况，从无神论角度看，菩萨不过是人们创造的偶像，二老才是实实在在的亲人。尊老、敬老，爱老、养老是我们中华民族的优良传统，理当发扬光大。

万事劝人休瞒昧，举头三尺有神明。

译文

凡事奉劝人们不要欺瞒别人，一举一动头上的神灵都看得一清二楚。

评点

“举头三尺有神明”是种迷信说法，不可信。但劝人不要做昧良心的事，不要做坏事，不要做自欺欺人的事是有道理的。做了坏事，又想隐瞒是办不到的。虽然没有神灵察看，但若要人不知，除非己莫为。做了坏事，总要留下痕迹，总要露馅。纸里包不住火，早晚有犯事的一天。因此，一个人要善于把握自己，严格要求自己，任何时候都要走正道，决不要走邪路。

但存方寸土，留与子孙耕。灭却心头火，剔起佛前灯。

译文

要留给子孙适当的田地，供给他们耕种，自食其力。要熄灭心头的怒火，点亮佛前的青灯。

评点

“但存方寸土，留与子孙耕”，此话很有道理。在一定意义上可以说体现了可持续发展的思想。地球，这个人类共同的家园，土地资源是有限的。我们这一代人要合理使用土地资源，要科学保护土地资源，要给子孙万代留下宝贵的土地资源，让他们去开发，去利用，去收获，去享用。我们不能去做断了子孙生路的事情。

悭悭常不足，懞懞作公卿。

译文

聪慧能干的人不多，稀里糊涂的人就做高官。

评点

古代官场，卖官鬻爵，任人唯亲，一人得道，鸡犬升天。有真本事的人不一定被任用，昏庸无能之辈却可以官运亨通，平步青云。

现今社会讲任人唯贤，唯才是举，但也不乏用人不当的事例。真正做到任人唯贤，需要整个社会民主政治的根本进步，需要社会成员觉悟的极大提高，需要两个文明建设的高度发展。

众星朗朗，不如孤月独明。兄弟相害，不如友生。

译文

再多耀眼的星星，也比不上一个明亮的月亮。兄弟之间如果互相残害，还不如同学朋友。

评点 

众星虽然比不上月亮明亮，但众星捧月，没有众星闪烁，天空只有一个孤独的月亮，那广袤的夜空也是孤寂乏味的。红花虽好，也得绿叶扶持；月亮虽然明亮，也得众星辉映。

骨肉兄弟，一奶同胞，应相互照应，互相爱护，不能有半点加害之心。但也有的兄弟之间为了一己私利，同室操戈。历史上皇室之中，兄害弟、弟杀兄的事不绝史册，大多是为了争夺王位。兄弟之间应以亲情为主，不要为金钱、权势伤害了兄弟之间的和气。

合理可作，小利莫争。

译文 

合情合理的事可以做，不要去争微薄的利益。

评点 

这可以说是一个人做事的准则。为人处事，要多为他人着想，不要总是为自己打算，生怕自己吃亏，更不能为了蝇头小利与同事伤了和气。一个人应学会正确看待个人利益，在个人利益与他人利益发生矛盾时，应冷静思考，妥善处理。有些事该忍则忍，能让则让，与人方便，与己也方便。

牡丹花好空入目，枣花虽小结实成。

译文 

牡丹花虽好但只能供观赏，枣花虽小却可以结出果实。

评点 

这句话可以从两层意义上去理解。一是看人看事，不要看表面现象，要看实质。有的人看上去挺精明，但工作不好好干，整天为个人事忙忙碌碌；有的人不显山不露水，但工作踏实肯干，业绩突出。如果看表面现象，就不能正确评价一个人。二是要求一个人做事要有务实精神，不要华而不实，搞花架子，不要图虚名，不要作表面文章，要干实事。

欺老莫欺少，欺少心不明。

译文 

要欺负人就欺负大人，不要欺负小孩，欺负小孩是不明事理。

评点 

老少都不应该欺负。做人应与人为善，要尊老爱幼，不应以强凌弱，不要仗势欺人。那些动辄打人骂人、横行乡里的作恶之徒，是社会的害群之马，早晚会受到法律的制裁。

随分耕锄收地利，他时饱暖谢苍天。

译文

按照农时变化来种植收获庄稼，吃饱穿暖时不要忘了感谢苍天。

评点

古代，人类主要是靠天吃饭，风调雨顺，庄稼丰收，人们就会丰衣足食；大旱大涝，风灾虫灾，粮食欠收，人们就会逃荒要饭。人们无法抵抗自然灾害，把自然力视为神的力量。所以天大旱了，就向苍天祈求降雨；天涝了，就祈求苍天放晴日出。如今虽然人类还不能完全胜天，但大多数人相信靠自己的辛勤劳动，可以获得丰收，而不再把希望寄托在苍天上。

得忍且忍，得耐且耐，不忍不耐，小事成大。

译文 

凡事要冷静，能忍耐就忍耐，不忍耐就会把小事弄成大事。

评点 

忍耐，不要理解为是忍气吞声，胆小怕事，软弱可欺，明哲保身，逆来顺受。忍耐，是一种思想修养境界，是明晓事理、乐观豁达的人生态度。忍耐，主要是正确对待个人利益，正确看待个人的名利地位、进退荣辱、成败得失；忍耐，也要正确处理个人与他人的关系，要能容人，宽以待人，善于理解他人。

诚然，忍耐，不是是非不清，黑白不辨，不分什么时候和什么情况都讲忍耐。事关大是大非的问题，不能讲忍耐，而要讲原则。

相论逞英豪，家计渐渐消。

译文 

彼此之间高谈阔论，相互逞能，家道将逐渐衰退下去。

评点 

过日子要勤劳、节俭，不要只耍嘴皮子，不要比富、斗富。一个家庭如此，一个民族、一个国家也是如此，不能坐而论道，要有实干精神、创业精神。一个国家真干事业的人多了，是国家之幸、民族之幸；光说不干、说空话的人多了，则是国家、民族之悲哀。

贤妇令夫贵，恶妇令夫败。

译文

贤惠的妻子能使丈夫荣华富贵，不好的妻子将使丈夫一败涂地。

评点

家中有一位心地善良、通情达理、善解人意、勤劳能干的好妻子，对丈夫来讲确实是件难得的美事。每个成功的男人的背后，都有一位贤内助，有一位相濡以沫的好妻子。古今中外贤惠妻子扶持丈夫事业成功的例子举不胜举。

当然，家庭是夫妻双方组成的，贤妻固然重要，好丈夫也很重要。做丈夫的好坏也会影响到妻子，影响到家庭。而且丈夫事业的成功与否，也不完全取决于妻子，关键还是靠个人的努力。

一人有庆，兆民咸赖。

译文 

一个人有了善政，许多人都会有依靠。

评点 

此句出自《尚书·吕刑》。这句是讲带头人的作用。有个好的带头人，大家跟着受益；带头人不领正路，众人也跟着遭殃。现在讲的“为官一任，造福一方”，“一个能人，救活一个企业”，也都是讲带头人的重要性。

人老心不老，人穷志不穷。

译文 

人老了但雄心不能老，人虽穷但志气不能穷。

评点 

“人老心不老”，这话有道理。人从青年到中年、老年，这是自然规律，谁也无法抗拒。但人老了心理上不能服老，这是健康的心理状态。“老骥伏枥，志在千里，烈士暮年，壮心不已”，“莫道桑榆晚，为霞尚满天”，这些诗句都是说明人虽然老了，但要保持良好的精神状态。老了也应有所作为，做些力所能及的事。

人穷志不能短，应穷且益坚，不失青云之志。艰难困苦的环境，更能磨炼一个人的意志。苦难是人生的老师，我们应该在贫困、艰苦的条件下，顽强奋斗、拼搏。

人无千日好，花无百日红。

译文

人不可能总是一帆风顺，花不可能常开不败。

评点

此句出自《水浒传》第四十三回。花开花落是自然规律。人的一生也是有顺境，有逆境。总是一帆风顺，事事如意，心想事成是不可能的。因此，一个人不要对生活期望太高，不要抱有太多的不切实际的幻想，要有经历坎坷、挫折的思想准备。庭院难养千里马，花盆难栽万年松，经历过风雨的人，才能更觉人生的宝贵，才能更勇敢地面对人生。

杀人可恕，情理难容。

译文 

杀人有时可以宽恕，伤情害理的事却难以容忍。

评点 

此句出自《水浒全传》第十回“林教头风雪山神庙，陆虞候火烧草料场”。陆虞候火烧草料场要害林冲，被林冲发现，林冲用刀逼着陆虞候的脸喝道：“泼贼，我自来又和你无甚么冤仇，你如何这等害我?正是杀人可恕，情理难容。”“杀人可恕”，是指一些极特殊的情况，如大义灭亲杀人、过失杀人、误伤致死等。犯罪杀人，无宽恕可言。为人做事要讲情理，不讲情理，伤情害理，不是君子所为。但遇到不讲情理的人，也要冷静对待，不可乱杀。

乍富不知新受用，乍贫难改旧家风。座上客常满，杯中酒不空。

译文 

突然富裕起来，会不知道如何享用；一下子贫穷下来，过去的生活方式也很难改变。经常宾朋满座，杯中的酒没有空过。

评点

一个人生活方式的转变是有个过程的。在贫困的条件下生活惯了，一下子富裕起来，改变了生活条件，会感到不适应，在一段时间里会保持原有的生活习惯。反过来，由富裕变为贫穷后，生活习惯一下子也很难改变。生活方式的转变，要首先转变观念，接下来就要转变消费观念，改变生活习惯，改变交往方式。所有这些转变，都需要有一个过程，有一个适应期。

屋漏更遭连夜雨，行船又遇打头风。

译文

屋子本来就漏，又遭到连夜雨天；行船困难，偏又碰上顶头风。

评点

此语出自明代洪楩《清平山堂话本·董永遇仙传》：“屋漏更遭连夜雨，行船又撞打头风。”这两句是比喻一个人的处境十分艰难，事事不顺利，处处遇麻烦。但越是在这种艰难困苦的情况下，一个人越要坚强，不能气馁，不能怨天尤人，更不能被重负所压倒。要勇敢面对困难，迎接人生的各种考验，用自己不懈的努力，去改变人生的命运。

笋因落箨方成竹，鱼为奔波始化龙。曾记少年骑竹马，看看又是白头翁。

译文

笋因为不断掉皮才成为竹子，鱼只有长途奔波才可变成龙。还记得小时候骑竹马的情景，如今彼此相看都已成白发老翁。

评点

笋因为不断掉皮、自我更新才长成修竹；鱼不怕奔波劳累才可能成龙。这说明一个人要学有所成，在事业上获得成功，就要下一番苦功夫，就要有百折不挠的精神。

时光如流水，人生是短促的。要珍惜宝贵的时间，多学些知识，多干些事业，多为社会做些有益的事情。不要虚度光阴，庸庸碌碌混过一生。

礼义生于富足，盗贼出于赌博。

译文

生活富裕了才懂得礼义，赌博成风易出盗贼。

评点

“礼义生于富足”，这是一种历史唯物主义观点。人类在茹毛饮血时代，基本的生存条件都难以保证，也就谈不上文明和礼义。到了奴隶社会，生产力有了一定的发展，人类开始进入文明时代，礼义规范也开始出现，这是从历史发展的总过程看问题。这句话不能简单理解为：“只有生活富足了，才懂得礼义规范。”一个社会的文明程度不都与社会的物质财富的积累程度成正比。

赌博是社会一害。赌博可以毁掉一个人，甚至倾家荡产。但赌徒不一定都成为盗贼。

天上众星皆拱北，世间无水不朝东。

译文

天上的星星都围绕归向北极星，世上的江河都东流入海。

评点

此句出自李好古《张生煮海》第一折：“岂不知众星皆拱北，无水不朝东。”北极星，也称北辰。古代人把北极星视为最尊贵的星，是天的中心。北极星不动，众星都旋绕归向北极星。这种说法在今天看来是不对的，因为北极星也是运动的。这两句虽说的自然现象，但喻义却十分明显，是指人心归向。顺乎历史潮流，合乎民心的事业是必定会成功的，逆历史潮流而动，违背民心的事，注定是要失败的。

君子安贫，达人知命。

译文 

君子虽贫穷，但能安分守己，贤达的人知晓天命。

评点 

君子安贫乐道，多数是指封建文人、学者。这些人读书知礼，清高自负，洁身自好，生活虽然清苦，但比较淡泊金钱财富。用现在的观点看，“安贫”不可取，应通过发展经济，不断改善生活水平。当然，作为个人，对生活条件的追求要从实际情况出发，不能盲目攀比，不能奢望太高。

贤达之人，能通晓社会规律，能按客观规律办事，这也是理想的说法。因为一个人的知识是有限的，社会实践的范围也是有限的，想完全通晓社会规律是不容易的。

良药苦口利于病，忠言逆耳利于行。

译文 

好药虽苦有利于治病，忠言虽然不好听却有益于行动。

评点 

此句出自《孔子家语》。《汉书·刘安传》中也有“毒药苦口利病，忠言逆耳利行”一语。这两句话流传很广，至今人们都很熟悉。但在现实生活中，真正能听进逆耳之言的人不多。逆耳之言，听起来心里不舒服，但有利于工作，有利于个人成长进步，有利于同事间团结，虽逆耳，但有益。一个人对顺耳的话，逆耳的话都要听，不要只听顺耳的话。尤其是领导干部，更要兼听。如果只听顺耳的话，那么拍马之徒、阿谀奉承之徒就会得势，直言诤友就会受到冷落，社会风气就会败坏。

顺天者存，逆天者亡。人为财死，鸟为食亡。

译文 

顺天意者就生存下来，违背天意者必然灭亡。人为钱财而死，鸟为觅食而亡。

评点 

古代把天视为神，神意不可违。这是一种客观唯心主义的观点。如果把天视为客观规律，那么“顺天者存，逆天者亡”的说法就有一定道理了。

在商品经济条件下，金钱财物不可缺少，但不能以追逐金钱为目标，以聚敛金钱为快乐，更不能为了金钱财物去铤而走险。人要做金钱的主人，不要做金钱的奴隶，更不能做金钱的殉葬品。

夫妻相和好，琴瑟与笙簧。

译文

夫妻之间和和美美，就像琴瑟与笙簧一样音韵和谐。

评点

夫妻之间要和美，必须相互之间配合默契，要互敬、互爱、互让、互谅。要夫唱妇随，妇呼夫应，要心心相印，心灵相通。有活同干，有事同商，有福同享，有难同当，这样才能奏出夫妻恩爱的美好乐章。

有儿穷不久，无子富不长。善必寿考，恶必早亡。

译文

有了儿子，贫穷不会长久，没有儿子，富贵也不会长久。好善积德必然长寿，常做坏事必然夭亡。

评点

封建社会的家庭很重视后嗣，重视子孙继业。过去讲"不孝有三，无后为大"，这个"后"就是指儿子。哪家有儿子，就有了继承人，就可以兴家，就可以变穷为富。没有儿子，后继无人，家境会每况愈下。现在看来，这种说法有失偏颇。时代不同了，男女都一样，家庭的贫富与有儿无儿没有直接联系。

“善必寿考，恶必早亡”，这是人们的一种良好愿望。多做善事的人容易长寿，有一定道理。因为乐于助人的人，想到的是给予、奉献，从不想为自己钻营，心怀坦荡，无欲无求，身心轻松，长寿可期。但做坏事的人，不一定早亡。虽然做坏事的人，心里有鬼胎，有压力，也不一定很快危及生命。老百姓常说：“好人无长寿，歹人活不够。”这就说明有些坏人，尽管人们痛恨他，希望他早死，但坏人也不一定死。尤其在旧社会，人们有冤无处伸的情况下，更是如此。

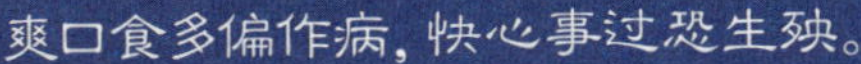

爽口食多偏作病，快心事过恐生殃。

译文 

美味佳肴吃得太多反而要生病，高兴的事太多恐怕要出祸殃。

评点 

古代没有营养学这门学问。但人们从积累的经验中，也懂得饮食与身体健康的关系。山珍海味、美酒佳肴吃得太多了，肯定得病。人的身体要讲营养平衡，饮食清淡，多食蔬菜、水果，历来是被养生家所提倡的。

“快心事过恐生殃”，这句话带有一定的辩证法思想。乐极生悲，一切事物在一定条件下都是可以转化的。顺与逆、福与祸、穷与福、乐与悲都可以转化。因此，胜利时不要冲昏头脑，高兴时不要乐而忘忧，要注意一种倾向掩盖另一种倾向。

富贵定要依本分，贫穷不必再思量。

译文

富贵的人一定要安分守己，贫穷的人不要有非分之想。

评点

“富贵定要依本分”这句话说得有一定道理。一个人在生活富裕、地位显贵之后，一定要奉公守法，本分做人，不能夸豪斗富，仗势欺人。

“贫穷不必再思量”说得有失偏颇。话里带有听天由命的思想。贫穷的状况不是命中注定的，也不是永远不会改变的。只要有改变贫穷状况的决心，加之不懈的努力奋斗，是可以改变自己的境遇的。

画水无风空作浪，绣花虽好不闻香。

译文

画中之水波涛滚滚，但听不见风浪声；布上绣的花虽然好看，却闻不到花香。

评点

做事要脚踏实地，扎扎实实，不要搞花架子，不要图虚名，要讲实际，务实效。看人也要听其言，观其行，重行不重言。那种花言巧语、夸夸其谈的人，不一定有真才实学。

贪他一斗米，失却半年粮；争他一脚豚，反失一肘羊。

译文

贪图那么一斗米，反而失去半年的口粮；拿了他的一个猪蹄，却失掉了一个羊肘子。

评点

这几句话告诫人们，不要贪图小便宜，贪小便宜吃大亏。有些人总爱算计如何占人家便宜，算计来算计去，吃亏的还是自己。做人要老老实实，不要有非分之想。要管住自己的嘴，不贪吃；要管住自己的手，不多占。贪图小便宜的人，往往会铸成人生大错。

龙归晚洞云犹湿，麝过春山草木香。平生只会说人短，何不回头把己量。

译文

龙归洞时云彩还是湿的，麝走过的山地草也带有香味。有的人平时只会揭别人的短处，为什么不找找自身的缺点呢？

评点

有些人平时只会揭别人的短处，挑剔别人的缺点、毛病，却从来不检点自己的言行，不揭自己的短处。这是缺乏自知之明的表现。一个人应该经常自省、自律，时时解剖自己，发觉缺点毛病应自觉改正。不要乌鸦落到猪身上，只看别人黑看不到自己黑。

见善如不及，见恶如探汤。

译文

看见好人好事，唯恐自己赶不上；看到坏人坏事，好像手碰到沸水一样，赶紧避开。

评点

这句出自《论语·季氏》。这句话讲得好，爱憎分明，是非清楚。见到好人好事就要虚心学习，这叫见贤思齐。但遇见坏人坏事不要躲避，而应该见义勇为，同坏人坏事作斗争，弘扬正气，打击歪风。

人穷志短，马瘦毛长。

译文

人贫穷了缺乏志气，马瘦了自然毛长。

评点

人穷不一定都志短。古往今来，人穷志不穷，穷且益坚者举不胜举。孔子年少丧父，家境贫穷，但穷不失志，潜心学习，终成一代圣贤。朱元璋从小家贫如洗，当过牧童，当过僧人，充过军，但人穷志大，成为一代开国皇帝。艰难困苦，玉汝于成。正确对待贫穷的环境，可以磨砺意志，激发斗志。

自家心里急，他人不知忙。贫无达士将金赠，病有高人说药方。

译文 

自己的事情自己心里最着急，不关别人的事，别人是不会着忙的。人穷了不会有人仗义送你钱财，人病了倒是有人告诉治病的良方。

评点 

这两句都说明了一个道理，即人在难处、在关键时候，还得靠自己去解决问题，别人的帮助只能可遇不可求。当然，这话的时代背景同今天不一样。今天的社会，一方有难，八方支援，一人有难，社会赞助的事屡见不鲜。

触来莫与竞，事过心清凉。秋至满山多秀色，春来无处不花香。

译文 

当别人触犯了你的时候，莫与别人计较，事情过后心境自然会平静下来。秋天到了，漫山遍野满是秀丽的景色；春天来了，到处弥漫着醉人的花香。

评点 

在生活当中，难免会与周围的人发生矛盾，而且有时理在自己这一边。这种情况下，处事也要冷静，非原则问题不要去计较，能忍则忍，能让则让。即使碰上蛮不讲理的人，你让他，感化他，久而久之，矛盾也会化解。不要遇事就要争个你高我低，那样不但于事无补，还会伤了和气。有的人遇事不冷静，一触即跳，往往把事情闹大了，事后再后悔也晚了。

凡人不可貌相，海水不可斗量。

译文 

衡量一个人不可从相貌上判定，如同海水不能用斗量一样。

评点 

上句出自元代无名氏《小尉迟》。“凡人不可貌相”，是讲一不要以貌看人。以貌看人，往往只看表面现象，不能正确认识一个人，评价一个人。二是讲不要以貌取人。以貌取人，往往会造成用人不当，不是任人唯贤，而是用人唯貌。人的长相是天生的，是不以个人意志为转移的，是表面现象。人的思想、品德、学识、才能是后天的，是内在的、本质的东西，是很难通过外貌来体现的。因此，看人、用人要通过慎重的考察、了解，不要轻率地从相貌上判定一个人的是非、善恶。

清清之水为土所防，济济之士为酒所伤。

译文 

再大的洪水为土所防，多少志士豪杰为酒所伤。

评点 

自从人类造出了酒，酒就和人们的生活结下了不解之缘。高兴时喝酒助兴，伤心时以酒浇愁，劳累了喝酒解乏，闲暇时喝酒消遣。喝酒的名堂更是五花八门，什么接风酒、饯行酒、祝寿酒、庆功酒、婚宴酒等等，不一而足。酒少喝有益无害，但嗜酒成性则有害无益。喝酒也要分时间、场合，酒可以成事，也可以误事、坏事。因此，饮酒有益也有害，关键要把握度，不要为了喝酒连命都不要了。

蒿草之下还有兰香，茅茨之屋或有侯王。

译文 

蒿草之下可能长有兰草，茅屋里边可能生长王侯将相。

评点 

这句话一反过去那种“龙生龙，凤生凤”的血统论观点。一个人有无成就，是否成材，与他的家庭出身没有本质联系，关键是靠个人的努力奋斗和必要的机遇。古今中外，许多知名的政治家、科学家、思想家、教育家、艺术家等出身并不是名门贵族，而是贫寒之家。

无限朱门生饿殍，几多白屋出公卿。

译文 

许多豪门贵族之家生出无能之辈，而多少贫穷之家却出了达官贵人。

评点 

豪门贵族奢侈之风甚盛，下一代多纨绔子弟，只知吃喝玩乐，不学无术，无丝毫本领。一旦其老子家业衰败，只好坐而等死，连生存下去的能力都没有。

贫穷之家的孩子，从小懂事早，深知父辈生活之艰难，发愤读书，志向高远，往往可以成长为济世之才。“自古雄才多磨难，从来纨绔少伟男”说的就是这个道理。

醉后乾坤大，壶中日月长。万事皆已定，浮生空自忙。

译文 

人醉后会感到天地广阔，以酒度日会觉得时间漫长。所有的事上天都已定好，人生漂泊枉自空忙。

评点 

“醉后乾坤大，壶中日月长”，此句出自《列仙传》。有神仙名壶公，卖药于长安，天黑入壶中休息。有一名叫费长房的人看到十分惊讶，一再要求入壶。壶公遂领他进入，突见楼台壮丽，大惊道：这真是另有乾坤啊！

这段话宣扬了一种醉生梦死、无所作为的人生哲学，不可取。一个人一生的命运不是由上天安排的，是由自己把握的。要以积极的态度对待人生，不要虚度人生，更不要把人生当儿戏，整日吃喝玩乐，无所事事。

千里送毫毛，礼轻仁义重。

译文 

千里送一根鹅毛，礼物虽轻，但情谊重。

评点 

据《南唐书》载：大理国派特使缅伯高向唐朝进贡天鹅，路经沔阳湖时，特使想让天鹅洗个澡，没料到天鹅出笼趁机飞之大吉，仅掉下一根羽毛。特使无可奈何，只好将这根鹅毛献给唐朝皇帝，并赋诗一首："将鹅贡唐朝，山高路遥遥。沔阳湖失鹅，倒地哭号号。上禀唐天子，可饶缅伯高？礼轻情意重，千里送鹅毛。"宋代吴曾《能改斋漫录·逸文》也有"千里寄鹅毛，礼轻人意重"的说法。看来当初千里送的并非是"鹅毛"，而是珍贵的天鹅。现在用此句多指自谦礼薄，不成敬意。

君子之交淡若水。朋友间交往，重义，重谊，不重钱，不重礼。李白诗云："人生贵相知，何必金与钱。"建立在志同道合基础上的友谊是高尚的，也是珍贵的，用金钱维系的交往是靠不住的。这句话在今天看来，仍对人们有启迪作用。

世事明如镜，前程暗似漆。

译文 

世上的事都很明了，但个人的前程却很暗淡。

评点 

在封建社会，由于统治阶级任人唯亲，排斥异己，埋没人才的事是常有的。一些志士仁人空有满腹经纶，空怀报国之志，慨叹报国无门，没有施展才华的机会。陆游在《书愤》一诗中写道："塞上长城空自许，镜中衰鬓已先斑。"宋代杨炎正也在一首词中写道："可怜报国无路，空白一分头。"发出了心中的不平之慨。

架上碗儿轮流转，媳妇自有做婆时。

译文

架上的碗碟轮流转用，再年轻的媳妇也有做婆婆的时候。

评点

婆媳之间的关系，自古以来就很难处。要么是婆婆虐待媳妇，要么是媳妇不孝顺婆婆。受虐待的媳妇，一旦熬成了婆婆，自己好像是获得了解放。不孝顺的媳妇自己也有成为婆婆的时候，那时遇上个不孝顺的媳妇，又该作何感想呢？婆媳之间应相互理解，相互关心，尤其是当媳妇的，更应主动搞好婆媳关系，即使受点委屈，也应用真情感化婆婆。只要以女儿对待母亲的感情对待婆婆，婆媳关系没有搞不好的。

人生一世，如驹过隙。

译文

人生一世，犹如白驹过隙，一闪即过。

评点 

此句出自《庄子·知北游》："人生天地之间，若白驹之过隙，忽然而已。"人生短促，转眼就是百年。一个人要珍惜时间，爱惜生命。要在有限的一生中，多为社会做些有益之事，使自己的一生过得充实，有价值，有意义。不要浪费时间，虚度年华。有诗说得好："红荣碧艳坐看歇，素华流年不待君"，"百年能几日，忍不惜光阴？"

良田万顷，日食三升；大厦千间，夜眠八尺。

译文 

家有万顷良田，每天也只不过吃几升；纵有千间大厦，每天夜里睡觉也只占去八尺长的地方。

评点 

几句话虽平白质朴，却寓意深刻，令人回味。有些人把金钱财富看得很重，千方百计、绞尽脑汁去攫取财富，聚敛财富，他们的贪欲、物欲极强，除了金钱他们不知道世上还有什么更美好的东西。细想起来，真是可悲可叹。一个人要生存，需要金钱财富，但人不是为金钱财富活着，人生的意义在于对社会的贡献，人们除了物质需要，还有丰富的精神生活。财富生不带来，死不带去，为个人没必要那么贪心，应该为社会、为人民多创造些财富。

千经万典，孝弟为先。

译文 

所有的经典，无不以忠孝仁义为先。

评点 

此语出自《景行录》：“千经万典，孝义为先，天上人间，方便第一。”孝、义都是儒家思想的重要内容，是封建伦理观念之一。忠、孝、节、义、礼、仪、廉、耻，历来为封建统治阶级所提倡，也是维护封建统治的重要精神支柱。孝、义有其封建糟粕的一面，但也有可吸取的内容。我们今天也提倡孝敬父母，也提倡见义勇为，其中的“孝”、“义”就吸取了儒家孝义中合理的成分。

一字入公门，九牛拔不出。

译文

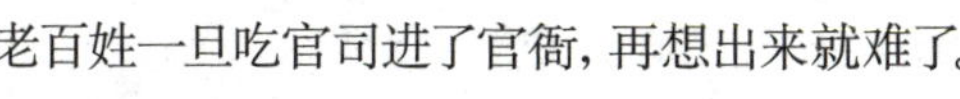

老百姓一旦吃官司进了官衙，再想出来就难了。

评点

在封建社会，官府腐败，老百姓打官司有理没钱进不去，打不赢。一旦吃了官司，即使是被诬告，也很难轻易被释放出来，这叫当官不为民做主，天下乌鸦一般黑，真正清官有几人？当时的社会是冤狱遍于全国，百姓怨声载道。

八字衙门向南开，有理无钱莫进来。

译文

官衙的大门向南敞开着，但只有理没有钱的人就不要进来。

评点

封建社会的官衙，多数是贪官当政。他们官官相护，贪赃枉法，巧取豪夺，欺压百姓。受剥削、受压迫的穷苦百姓有理无钱是打不了官司的。所以老百姓企盼青天大老爷，对屈指可数的清官寄予了很大希望。

富从升合起，贫因不算来。

译文

富是由一点一滴积累起来的，贫穷都是因为不会计划，不会精打细算。

评点

这句中的“升合”是古代容量单位，十勺等于一合，十合等于一升。在封建社会，一个普通家庭靠劳动，靠一点一滴积累是富裕不起来的，顶多能达到小康的生活水平。至于贫穷的家庭，多数也不是因为不会算计才贫穷的，而是因为在封建社会受到压迫与剥削。但此句话也有可供借鉴之处，即居家过日子应该勤劳节俭，学会计划，学会理财。

万事不由人计较，一生都是命安排。

译文

个人的生死富贵用不着去考虑，一切都是命中注定的。

评点

这也是一种宿命论思想。世间人是第一可宝贵的，人具有认识世界和改造世界的能力，人也具有认识自己、把握自己命运的能力。人在客观世界面前不是无能为力的，每个人只要正确认识和处理个人和社会的关系，都可以在社会的坐标系中找到自己的位置，都可以展示自己生命的价值，都可以有所作为。那种迷信命运、听从命运摆布的观点，是一种消极的人生态度，是不会有所作为的。

家无读书子，官从何处来？

译文

家中没有读书求学的人，怎么能有人做官呢？

评点

古代社会是实行学而优则仕的，要想当官，必须走读书的路。家中无人读书，自然也不会有人为官。但也有不读书为官的，“坑灰未冷山东乱，刘项原来不读书”，说的就是读书不多的人，也有做官的。

其实，读书未必一定要做官。读书为社会做贡献，也是件有益的事。尤其在当今知识经济时代，读书不仅是社会发展的需要，也是个人谋求生存的需要。

人间私语，天闻如雷；暗室亏心，神目如电。

译文 

背地里讲的悄悄话，暗地里做的亏心事，上天都能听见，都知道得一清二楚，是瞒不过的。

评点 

人贵在“慎独”。即在一个人独处的时候，也要严以律己，自尊、自爱，不要做违法乱纪的事，不要做昧良心的事，要好自为之。做了亏心事，不仅对不起亲戚、同事和朋友，自己内心也不安，思想上也会背上沉重的包袱，良心上也会受到谴责。

一毫之恶，劝人莫作；一毫之善，与人方便。欺人是祸，饶人是福；天眼昭昭，报应甚速。

译文 

任何细小的坏事，都要劝人不要做；任何与人有利、与人方便的小事，都要去做。欺负人会带来灾祸，宽恕人能给自己带来福分。天道广大，人的行为都会很快得到相应的报应。

评点

前四句出自唐代吕岩《劝世》。这几句话说得有道理，一个人在任何时候、任何情况下，都不要做坏事，而应多做好事，做有益于国家、有益于人民的事。一个人变坏不是一朝一夕的事，总有个变化过程，有个量的积累过程，那就是平时干了一两件坏事不以为然，长而久之，铸成大错。做善事也要从一点一滴做起，逐渐完善自己的人格，形成高尚的思想品德。

圣贤言语，神钦鬼服。

译文

圣贤的言语，鬼神都很钦佩和服气。

评点

圣人贤人以其高尚的品质、超人的智慧而受到世人的敬仰。圣贤的思想对后人影响是巨大的，但圣贤之言也未必句句是真理，大可不必唯圣贤之言是听。我们应以古鉴今，古为今用，厚今薄古，推陈出新。

人各有心，心各有见。口说不如身逢，耳闻不如目见。

译文

每个人都有自己的心思，每个心都有自己的主见和想法。嘴说不如亲身经历，耳听不如亲眼所见。

评点

上段话中的后一句出自宋代司马光《资治通鉴·唐纪·睿宗景云二年》：“口说不如身逢，耳闻不如目睹。”强调“身逢”、“目见”，体现了朴素的实践观。社会上的事情是复杂的，有些事情只听传言不行，要了解事情的真相，必须亲自调查了解一番。俗话说：“耳听为虚，眼见为实。”听传言的东西，往往不可靠，不可信。当然，有些具有科学根据的事情，听了还是应该信的，因为一个人不可能事事都

能做到亲眼所见。比如月球表面没有生命存在等说法，要想人人都通过“目见”去验证是不可能的。但这句话重事实、重实践的思想还是可取的。

养军千日，用在一时。

译文

长期供养训练军队，为的是一旦爆发战争，就可投入使用。

评点

此句出自元代马致远《汉宫秋》第二折：“养军千日，用军一时。”《水浒传》第六十一回也有这个说法。军队历来是国家机器的重要组成部分。任何一个国家要想维护自己的独立与主权，保证国家的长治久安，保护人民的安宁与幸福，必须拥有强大的军队。和平时期供养、训练军队，是为了战时应付突发事件。国不能一日无军队，军队平时必须加强训练，只有训练有素的军队，才能在战时召之即来，来之能战，战之必胜。

国清才子贵，家富小儿娇。

译文

国家政治清明，有才学的读书人就会受到重视；家境富裕，小孩容易娇气。

评点

一个国家政治上清正廉明，就会在用人上任人唯贤，唯才是举，求贤若渴。唐代的贞观之治、清代的康乾盛世，都非常重视招贤纳谏，一大批志士仁人受到朝廷的重视。当今社会太平盛世，政通人和，尊重知识、尊重人才在社会上已蔚然成风，有真才实学的人，在社会上得到了重用。

“家富小儿娇”，家庭富裕，生活条件好，家长往往娇惯孩子，这指出了一般富裕家庭在教育子女方面的通病。家庭条件好，更应注意教育子女，不要娇生惯养，要培养他们吃苦精神和自立能力。

利刀割体疮犹合，恶语伤人恨不消。

译文 

快刀伤了身体伤口容易愈合，恶语伤了人怨恨不容易消除。

评点 

人与人交往、相处，应做到待人以诚，要说话和蔼，要讲究语言美，不要出言不逊、恶语伤人。言为心声，讲善言还是吐恶语，反映了一个人的道德修养水平。一个心灵美的人，其语言也一定是美的。

有人堪出众，无衣懒出门。

译文 

有的人相貌足以超凡脱俗，但没有像样的衣服也懒得抛头露面。

评点 

人靠衣服马靠鞍，长得再好的人，没有像样的衣服，也衬托不出靓丽的外貌来。当然衣着打扮也要得体入时，要考虑到个人的条件、气质、工作性质和环境因素。现代人讲究包装，但要恰到好处，过分地包装反而会弄巧成拙。“欲把西湖比西子，淡妆浓抹总相宜”，衣着打扮的关键是得体、适宜、入时。

公道世间唯白发，贵人头上不曾饶。

译文 

只有人们头上的白发，才是世间最公道的东西，即使是贵族富人，它也一视同仁，绝不放过他。

评点 

此句出自唐代杜牧《送隐者一绝》，原诗为：“无媒径路草萧萧，自古云林远市朝，公道世间唯白发，贵人头上不曾饶。”这两句诗表面是赞美白发的公正无私，其实是在感叹生命短暂，岁月无情。

现今也常用“公道世间唯白发，贵人头上不曾饶”这两句诗，来劝导人们凡事要看得旷达些，功名利禄、荣辱进退都乃过眼烟云，不必过于斤斤计较。要拉紧生命的纤绳，多学些知识，多干些事业，让生命更有意义。

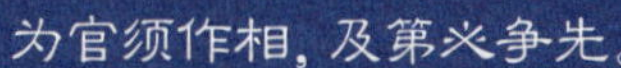

为官须作相，及第必争先。

译文 

做官就要做宰相，考试就要争取名列前茅。

评点

抛开读书做官一面不谈，这句话还有鼓励人们要努力上进的一面，是可取的。一个人无论是学习还是工作，都应该有一种力争上游的精神，敢为天下先的精神，要做第一等的工作，创第一等的佳绩，作气须先鼓，争雄必上游。

苗从地发，枝由树分。父子亲而家不退，兄弟和而家不分。

译文

禾苗从地里长出来，树枝从树干上分出来，这是自然而然的事。父子和睦家道不会衰退，兄弟团结就不会闹分家。

评点

千百年来，中国一直崇尚大家庭。有的三世同堂，甚至四世同堂，以显示人丁兴旺，子孙满堂，家庭具有凝聚力。一般家庭，只要老人在，就不愿意儿子间闹分家。这种大家庭的生活方式，是由当时的生产方式决定的。现代社会由于生产方式的变化，家庭结构也发生了变化，维系大家庭的条件已不存在，家庭趋于小型化。而且，两代人之间，老少都希望长期生活在一起的家庭，已为数不多了。

官有公法，民有私约。

译文

国家有国家的法律，民间有自己的乡规民约。

评点

封建社会的“公法”、“私约”都是用来统治老百姓的，而且执法也无公正而言。当官的多数贪赃枉法，平民百姓在法律面前是无平等可言的。现今我们的社会，是法治社会，公民应该具有法律意识，要知法、懂法、守法，要维护法律的尊严。

闲时不烧香，急时抱佛脚。

译文

平时无事时不烧香敬佛，紧急危难时想起求佛爷保佑。

评点

此句出自明代沈璟《一种情传奇·香兆》，《水浒传》第十七回也有此语。无论是学习还是工作，都要注意平时努力，积累知识，积累经验，到了关键时候，才不致于手足无措，才能应付自如。在处理人际关系方面，也应注意平时广交朋友，急他人所急，帮他人所需。只有这样，才能在自己有困难的时候，不会感到孤立无援，才会有更多的人向你伸出友谊之手。

幸生太平无事日，恐逢年老不多时。

译文 

有幸生在太平盛世，恐怕到了老年，这种太平无事的日子不会多了。

评点 

古代战乱频繁，人民深受战争之苦，能有几年太平日子，是三生有幸的事。正因为如此，人们都十分珍惜和平安宁的日子。人类进入20世纪以来，已经经历了两次世界战争的浩劫。第一次世界大战中，伤亡3000余万人，另死于战争引起的饥饿灾害的约1000万人，经济损失达2700亿美元。第二次世界大战，死亡5000多万人。据不完全统计，大战造成的经济损失高达5000亿美元。二战后，世界人民在难得的和平环境里生活了半个多世纪。今天，人民比以往任何时候都更希望和平与安定的生活。

国乱思良将，家贫思贤妻。

译文 

国家出现战乱就会思求良将，家境贫困就会盼望有个贤能的妻子。

评点 

此句出自汉代司马迁《史记·魏世家》：“国乱则思良相，家贫则思贤妻。”一个国家在太平无事的时候，一些人削尖脑袋抢官争爵，国家也很难考验他们对国家是否忠诚。而当一个国家、一个民族处在危急存亡之秋时，哪个是忠臣，哪个是奸臣就泾渭分明了。疾风知劲草，在国家困难、危急时刻，最能考验一个人是否对国家忠诚，是否能为国分忧，是否能慷慨赴国难。

大到国家，小到家庭，道理是一样的。夫妻之间，同享福易，共患难难。家有贤妻，富日子能越过越好，穷日子也能过得安宁、和睦。

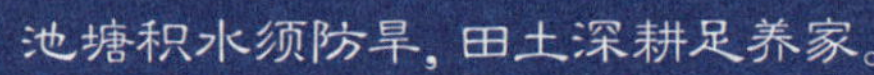

译文 

池塘里蓄满水是为了防旱，土地只有深耕细作才可以多打粮食养家糊口。

评点 

在生产力低下的自然经济条件下，人们战胜自然的能力还很弱，基本上是靠天吃饭。蓄水防旱，深耕土地，都是为了争取丰收，多打粮食，过上温饱日子。

如今，农业的机械化程度提高了，科学种田也基本得到了普及，但居家过日子还是要讲求预见性、计划性，要勤俭持家，靠勤劳致富。

根深不怕风摇动，树正何愁月影斜。

译文 

树根扎得深就不怕大风摇动，树干长得直就不怕地上的影子斜。

评点 

这两句是喻一个人生活在世上，要堂堂正正做人，老老实实做事。要为人光明磊落，公道正派。俗话说，身正不怕影子斜。只要行得光明，走得正大，就不会有人说闲话，也不怕别人说闲话。

学在一人之下，用在万人之上。一字为师，终身如父。

译文 

从一个人那里学到的东西，可以用在千千万万人身上。从老师那里学到点滴知识，就要终身像对待父亲那样尊敬老师。

评点 

过去拜师学艺，往往是投在一人门下，一旦学成手艺，就可以闯天下挣饭吃。如今要学到知识，只从师一人是不可能的。

"一字为师，终身如父"，是从元代关汉卿杂剧《玉镜台》"一日为师，终身为父"演化而来。这种尊师重教的思想，至今仍有其现实意义。但师生关系毕竟不是父子关系，

不可简单类比。封建社会的父子关系是“家长制”，老子说了算。师生关系是教与学的关系，除此之外，师生之间在人格上是平等的，在发表学术见解上也是平等的。

忘恩负义，禽兽之徒。

译文

忘恩负义的人，只能与禽兽为伍。

评点

知恩图报，是中华民族的道德传统。一个人在生活中对有恩于自己的人，不能忘记，受滴水之恩，当涌泉相报。当然，报恩思想带有很重的感情色彩，有时会在大是大非面前迷失方向，这一点是值得注意的。

劝君莫将油炒菜，留与儿孙夜读书。书中自有千钟粟，书中自有颜如玉。

译文

奉劝家长们不要大量用油炒菜，要留给儿孙们夜间读书之用。读书自可获得千钟粟米，读书自可让人金屋藏娇。

评点

过去穷苦人家黑夜里点的是油灯，不用油炒菜，省下油来供子孙夜里读书用，可谓用心良苦。在“学而优则仕”的封建社会，穷人家的孩子要想出人头地，只有走读书做官这一条路。然而穷人家孩子真正能走上仕途的又有几人！

“书中自有千钟粟，书有自有颜如玉”这两句出自宋代赵恒《劝学文》：“书中自有黄金屋，书中自有颜如玉。”意思与前两句差不多，只要读好书，做了官，什么金钱、美女都可以得到。这种思想在今天不宜提倡。书要读，但读书目的要端正，要把学到的知识首先为社会服务，为人类作贡献，不要仅仅为了一己私利。

莫怨天来莫怨人，五行八字命生成。莫怨自己穷，穷要穷得干净；莫羡他人富，富要富得清高。

译文

不要怨天尤人，个人的遭遇与不幸都是命中注定。不要埋怨自己贫穷，穷要穷得有骨气；不要羡慕他人富，富要富得纯洁高尚。

评点

把人的一生成败、穷富、进退、荣辱都说成是命中注定的，这是一种宿命论的观点，是封建统治阶级用来愚弄百姓的。人的一生状况受社会环境制约，但一个人的命运是由自己掌握的，要靠自己奋斗，去创造有价值的人生。

后面两句说得好。贫穷不是过错，但人穷志不能穷，要有骨气，不要自惭形秽。要通过个人努力去改变贫穷面貌。对那些富裕起来的人，也不要盲目羡慕，更不能患"红眼病"。自己有一天富起来，也不能"一阔脸就变"，要自尊、自爱，要有高尚的情操和美好的追求。

别人骑马我骑驴，仔细思量我不如，等我回头看，还有挑脚汉。

译文

别人骑马我骑驴，我不如人，但还有不如我的徒步肩挑之人。

评点

上面这句话有比上不足，比下有余，知足常乐的思想。这种思想如果用来看待个人的物质生活，看待个人的名利得失是有进步意义的。但在对待业务学习上，在对待工作上，在对待一个单位、一个部门的事业发展上，还要力争上游，不要甘居中游，不要有自满自足的思想。

路上有饥人，家中有剩饭，积德与儿孙，要广行方便。

译文 

有讨饭者来到门前，家中如有剩饭，当积德行善，行些方便，把食物送给他们。

评点 

急人所急，帮人所需，积德行善，这也是中华民族的传统美德。但积德行善带有轮回报应的迷信思想，这辈子积德为了来世，积德为了儿孙的幸福。除去这种思想，那么为人多有些同情之心，多有些助人为乐的思想还是应当提倡的。

作善鬼神钦，作恶遭天谴。

译文 

行善事鬼神钦佩，做坏事必会遭到老天的谴责。

评点 

劝人多做善事、好事是对的。但对做恶多端的坏人，靠老天谴责是不够的，要扬善惩恶，对恶人要疾恶如仇，使坏人如过街老鼠，人人喊打。正邪自古同冰炭，水火不相容，必须扬善惩恶，爱憎分明。

积钱积谷不如积德，买田买地不如买书。

译文

积攒钱粮不如多积阴德，买田买地不如多买书籍。

评点

为子孙后代留下什么?这句话说得很好，一是德，二是书。积德，做家长的要身体力行，积德行善，为后代在品德修养方面做出表率，让后代懂得做人的道理，学会做人。买书，是为后代创造一个学习环境，让孩子多读书，读好书，知书达礼，成为自食其力、对社会有用的人才。现在有的家长，为孩子攒钱、购房，物质享受方面要什么给什么，很少考虑教育孩子如何做人。说重一点，这不是关心孩子，而是害了孩子，误了孩子的一生。

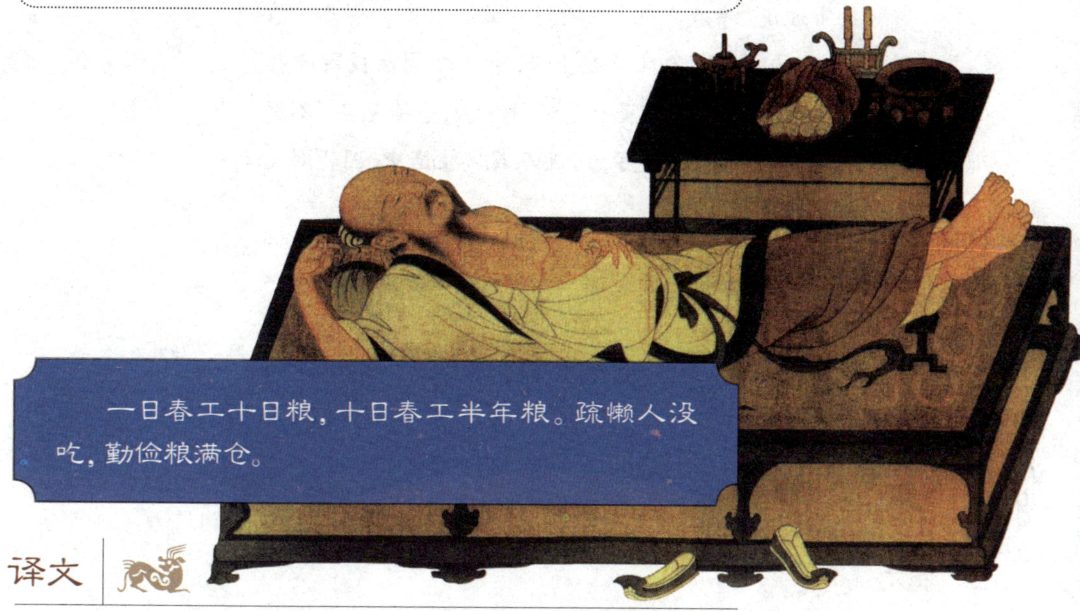

一日春工十日粮，十日春工半年粮。疏懒人没吃，勤俭粮满仓。

译文

一年之计在于春，要抓紧春耕。人如果疏懒就会缺吃少穿，如果勤劳节俭就会吃穿不愁。

评点 

人勤地不懒。只要辛勤耕耘，就会有收获。向阳门第春常在，勤俭人家庆有余。一个勤劳，一个节俭，这是居家过日子必须牢记的两条古训。

人亲财不亲，财利要分清。

译文 

即使是亲人之间，钱财利益也要分清楚。

评点 

按常理说，亲戚之间，在钱财方面没必要分得那么清楚，应该互相接济。但从法律上讲，亲戚之间在钱财来往上也应有正常手续，尤其是大笔钱财，更应手续完备，不然一旦有纠纷，就说不清楚了。何况在现实生活中，因钱财反目的也大有人在。

十分伶俐使七分，常留三分与儿孙，若要十分都使尽，远在儿孙近在身。

译文 

十分的聪明用上七分即可，留几分给儿孙。如果十分聪明都用尽，那就会聪明反被聪明误，近的讲误了自己，远的讲会误了儿孙。

评点 

这几句话带有一定哲理。做家长的聪明能干，是件好事。但要注意开发孩子的智力，锻炼孩子的动脑、动手能力，不要什么事情都为孩子考虑得很周密。要培养他们独立思考的能力和处理事情的能力，不要什么事情都依赖大人，这对他们立世做人是有益的。

此外，这句话还告诫人们，无论做什么事情，都要留有余地，话不能说满，事不能做绝，不能太锋芒毕露，不可太逞强，要适可而止。否则，就会像《红楼梦》里所说的："机关算尽太聪明，反误了卿卿性命。"

君子乐得做君子，小人枉自做小人。

译文

高尚者自愿高尚，卑鄙者自甘卑鄙。

评点

君子，古代指地位高的人，后来指人格高尚的人；小人，古代指地位低的人，也指人格卑鄙的人。

一个人应该有良好的品德、高尚的情操和完美的人格，要以品德高尚为荣，以人格卑鄙为耻。品德高尚的人，志存高远，精神世界充实，有事业心、进取心。他们热爱生活，善待同事，无论走到哪里，都会受到人们的尊重与欢迎。人格卑鄙的人，内心龌龊，心怀叵测，蝇营狗苟，人人见而远之。当然，这种人若洗心革面，重新做人，人们还是欢迎的。

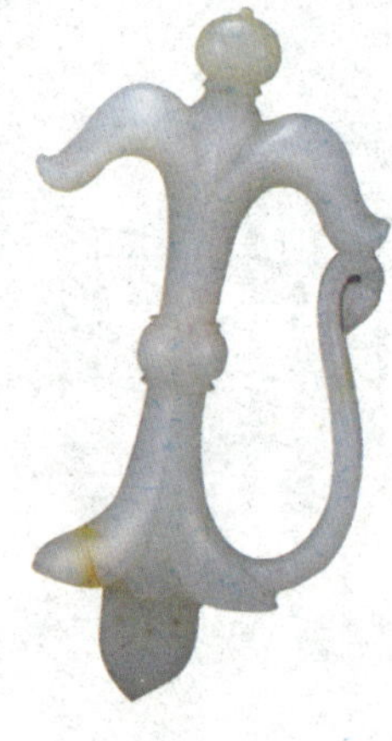

好学者则庶民之子为公卿，不好学者则公卿之子为庶民。

译文

好学的人即便是平民之子，也可以做大官；不好学的人即便是公侯之子，日后也会破落成为平民。

评点

这话说得很有道理。勤奋好学的人，只要坚持努力，都可以成材，和出身门第没什么大关系。出身贫寒的子弟，由于个人的刻苦努力，有许多成了科学家，甚至一国领袖；相反，有些出身显赫、富裕之家的子弟，由于沉湎于花天酒地，整日无所事事，不学无术，到头来只能是“老大徒伤悲”了。当然，将门出虎子，书香门第出人才的家庭也是有的，但那也是由于个人努力学习的结果。

惜钱莫教子，护短莫从师。

译文

爱惜钱财，就不要教育子女，庇护缺点，就不要从师学习。

评点 

在教育、培养子女方面，不要舍不得花钱，要舍得智力投资。在这方面，多数家长是懂得这个道理的。有些家庭虽然生活条件很差，但做父母的还是含辛茹苦地想方设法供孩子读书。在教育子女方面舍不得花钱的家长，毕竟是少数。

教育子女，家长要同学校的老师配合。孩子有缺点，家长也要批评教育，不应为孩子护短，要积极配合老师做好孩子的思想工作，这样才能使孩子健康成长。

记得旧文章，便是新举子。

译文 

能弄懂并背得圣贤们的文章，就能考取为新的举人。

评点 

封建社会的科举制度，从隋唐到清代一直都有。唐代文科的科目很多，每年举行。明清两代文科只设进士一科，考八股文。举人，是明清两代乡试考取的人。想考取举人，也并非易事，要背诵《论语》、《孟子》、《诗经》、《尚书》、《礼记》、《左传》等书，此外还要读经典、史书、文学等书籍。有不少书生，考到七十多岁还未考上。现今社会，“旧文章”可以读，但要学新知识，掌握新信息，不然，就会成为时代的落伍者。

人在家中坐，祸从天上落。

译文 

人倒霉即使足不出户，也会大祸临头。

评点 

天有不测风云，人有旦夕祸福，偶然事件是难以避免的。但偶然是必然的表现，任何偶然的现象，都有其内在的必然性。大祸突然降临，使人猝不及防，但祸总有因可查，有源可寻。遇到突发事件，不要惊慌失措，不要怨天尤人，应从容面对。

但求心无愧，不怕有后灾。

译文 

只要问心无愧，就不怕日后有灾难。

评点 

堂堂正正做人，老老实实做事，胸怀坦荡，光明磊落，为人不做亏心事，半夜敲门心不惊。敢拍胸脯扪心无愧，就用不着担心会惹来灾祸。当然，愧心还是不愧心，只是主观评价，一个人究竟做得怎么样，最终还得由社会来评价。

只有和气去迎人，那有相打得太平？

译文

要过上安宁日子，就要和和气气地去待周围的人，经常打打骂骂哪会有太平日子过？

评点

待人亲切和蔼，是一种思想修养，也是一种交往艺术。邻里、同事之间相见应该热情打招呼，这可以增进相互之间的感情。如果见面不打招呼，或见面视同路人，长而久之感情就会疏远，就会形成思想隔阂。更不能有意去寻衅闹事、以邻为壑，那样激化了矛盾，对谁都没有好处。

忠厚自有忠厚报，豪强一定受官刑。

译文

忠厚老实的人自会得到好的报应，豪取强夺者必定会受到官法的制裁。

评点

做人要忠厚老实，光明磊落，待人要诚实守信，不要耍小聪明，更不要做奸诈小人，这是做人的基本准则。至于那些欺压百姓、横行乡里的害群之马是逃脱不掉法律制裁的。

人到公门正好修，留些阴德在后头。

译文

人进了官府正好修炼，为自己身后积些阴德。

评点

阴德，过去迷信的人认为，在人世间做好事，在阴间可以为自己记功。这句话实际上是表达了平民百姓的一种心愿：希望那些在官衙做事的人，多为老百姓做点好事，多为自己积点阴德，不要欺压百姓，搜刮民脂民膏。但是，封建社会的官吏，又有几个能真正为平民百姓办事？前面讲的"八字衙门向南开，有理无钱莫进来"正是封建官吏贪赃枉法、欺压百姓的生动写照。

为人何必争高下，一旦无命万事休。

译文

做人何必争你高我低，一旦因此丢掉性命就什么都完了。

评点

这句话用在处理人际关系方面，还是可取的。为人要宽宏大量，以和为贵，善于团结人，原谅人。不要因一点小事去争你对我错，你高我低。尤其是性情暴躁的人，更应注意遇事冷静，没必要为一点小事大动肝火，真的把命搭上了不值得。

这句话还包含有与世无争、明哲保身的思想，这一点是不可取的。一个人可以不去争名逐利，但不可庸碌无为，不可浑浑噩噩虚度一生，应该有所追求，有所作为。

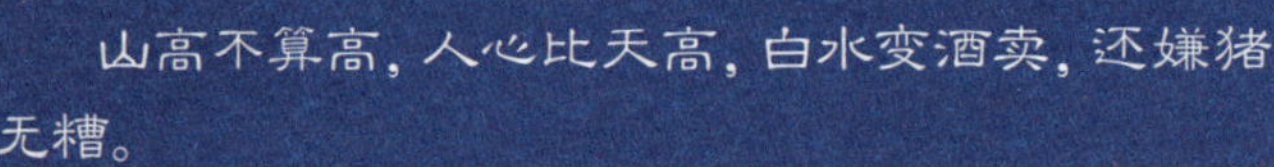

山高不算高，人心比天高，白水变酒卖，还嫌猪无糟。

译文 

山再高也没有天高，但人心有时比天还高，把白水当酒卖给别人，还埋怨自家猪没酒糟吃。

评点 

粮食做酒，猪有酒糟吃，白水当酒卖，哪来的酒糟？真是贪心不足蛇吞象。人不可太贪心，不可欺骗人，不可赚昧心钱。经商做买卖，要讲究商业道德，要讲信誉，要买卖公平，货真价实，童叟无欺。靠卖假货骗钱，可以蒙骗一时，但不能蒙骗长远，最终会自己砸自己的牌子。

贫寒休要怨，富贵不须骄。善恶随人作，祸福自己招。

译文 

家中贫寒不要怨天尤人，家中富贵不要骄傲自满。好事坏事由人做，是祸是福都是自己招来的。

评点 

贫寒不怨，但要努力改变贫穷面貌，不要甘于贫穷，更不要人穷志短，要穷则思变。富贵人家也不能骄奢淫逸，骄横跋扈，要平等待人，安分守己。路是自己走的，祸福是自己招的，必须把握好自己，走好人生的每一步，不要一失足成千古恨。

奉劝君子，各宜守己，只此呈示，万无一失。

译文 

奉劝天下的正人君子，都要安分守己，遵纪守法。只要能做到上面说的一切，就可以保证你万无一失，一帆风顺。

评点 

每个人都应严格自律，自己管住自己，这是对的。但《增广贤文》中所说的话也不都是真理，有些话明显说得不对。因此要区分良莠，辨别真伪，吸取精华，去其糟粕，让这一份历史文化遗产，重新发挥出它应有的积极作用。

重订增广

昔时贤文，诲汝谆谆，集韵增广，多见多闻。观今宜鉴古，无古不成今。贤乃国之宝，儒为席上珍。农工与商贾，皆宜敦五伦。孝弟为先务，本立而道生。尊师以重道，爱众而亲仁。钱财如粪土，仁义值千金。做事须循天理，出言要顺人心。心术不可得罪于天地，言行要留好样与儿孙。处富贵地，要矜怜贫贱的痛痒；当少壮时，须体念衰老的酸辛。孝当竭力，非徒养身。鸦有反哺之孝，羊知跪乳之恩。岂无远道思亲泪，不及高堂念子心。爱日以承欢，莫待丁兰刻木祀；椎牛而祭墓，不如鸡豚逮亲存。兄弟相害，不如友生；外御其侮，莫如弟兄。有酒有肉多兄弟，急难何曾见一人。一回相见一回老，能得几时为弟兄。父子和而家不败，兄弟和而家不分，乡党和而争讼息，夫妇和而家道兴。只缘花底莺声巧，遂使天边雁影分。诸恶莫做，众善奉行。知己知彼，将心比心。责人之心责己，爱己之心爱人。再三须慎意，第一莫欺心。宁可人负我，切莫我负人。贪爱沉溺即苦海，利欲炽然是火坑。随时莫起趋时念，脱俗休存矫俗心。横逆困穷，直从起处讨由来，则怨尤自息；功名富贵，还向灭时观究竟，则贪恋自轻。昼坐惜阴，夜坐惜灯。读书须用意，一字值千金。酒逢知己饮，诗向会人吟。相识满天下，知心能几人？相逢好似初相识，到老终无怨恨心。平生不做皱眉事，世上应无切齿人。栖迟蓬户，耳目虽拘而神情自旷；结纳山翁，仪文虽略而意念常真。萤仅自照，雁不孤行。苗从蒂发，藕由莲生。近水知鱼性，近山识鸟音。路遥知马力，事久见人心。运去金成铁，时来铁似金。马行无力皆因瘦，人不风流只为贫。近水楼台先得月，向阳花木早逢春。饶人不是痴汉，痴汉不会饶人。不说自己桶索短，但怨人家箍井深。美不美，乡中水；亲不亲，故乡人。割不断的亲，离不开的邻。相见易得好，久住难为人。客来主不顾，应恐是痴人。在家不会迎宾客，出路方知少主人。群居守口，独坐防心。志从肥甘丧，心以淡泊明。有钱堪出众，遭难莫寻亲。远水难救近火，远亲不如近邻。两人一般心，有钱堪买金；一人一般心，无钱堪买针。力微休负重，言轻莫劝人。听话如尝汤，交财始见心。易涨易退山溪水，易反易覆小人心。画虎画皮难画骨，知人知面不知心。谁人背后无人说，那个人前不说人？但行好事，莫问前程。钝鸟先飞，大器晚成。千里不欺孤，独木不成林。贫居闹市无人问，富在深山有远亲。人情似纸张张薄，世事如棋局局新。世人结交须黄金，黄金不多交不深。纵令然诺暂相许，终是悠悠路行心。当局者昧，旁观者明。河狭水急，人急计生。饱暖思淫逸，饥寒起盗心。飞蛾扑灯甘就镬，春蚕作茧自缠身。江中后浪催前浪，世上新人赶旧人。人生一世，草生一春。来如风雨，去似微尘。闹里有钱，静处安身。明知山有虎，莫向虎山行。莺花犹怕风光老，岂可教人枉度春？相逢不饮空归去，洞口桃花也笑人。昨日花开今日谢，百年人有万年心。北邙荒冢无贫富，玉垒浮云变古今。幸名无德非佳兆，乱世多财是祸根。世事茫茫难

自料，清风明月冷看人。劝君莫做守财虏，死去何曾带一文！血肉身躯且归泡影，何论影外之影；山河大地尚属微尘，而况尘中之尘。速效莫求，小利莫争。名高妒起，宠极谤生。众怒难犯，专欲难成。物极必反，器满则倾。欲知三叉路，须问去来人。三十年前人寻病，三十年后病寻人。大富由命，小富由勤。自恨枝无叶，莫谓日无阴。一年之计在于春，一日之计在于寅，一家之计在于和，一生之计在于勤。择婿观头角，娶女访幽贞。大抵取他根骨好，富贵贫贱非所论。无限朱门生饿殍，几多白屋出公卿。凌云甲第更新主，胜概名园非旧人。众口难辩，孤掌难鸣。当场不战，过后兴兵。一肥遮百丑，四两拨千斤。无病休嫌瘦，身安莫怨贫。岂能尽如人意，但求不愧我心。雨露不滋无本草，混财不富命穷人。慢藏诲盗，冶容诲淫。偏听则暗，兼听则明。耳闻是虚，眼见是实，一犬吠影，百犬吠声。莫信直中直，须防仁不仁。虎生犹可近，人毒不堪亲。来说是非者，便是是非人。世路由他险，居心任我平。惺惺常不足，懞懞作公卿。遍身罗绮者，不是养蚕人。毋私小惠而伤大体，毋借公论而快私情。毋以己长而形人之短，毋因己拙而忌人之能。勿恃势力而凌逼孤寡，勿贪口腹而恣杀牲禽。倚势凌人，势败人凌我；穷巷追狗，巷穷狗咬人。见色而起淫心，报在妻女；匿怨而用暗箭，祸延子孙。先到为君，后到为臣。莫道君行早，更有早行人。灭却心头火，剔起佛前灯。平日不作亏心事，半夜敲门心不惊。牡丹花好空入目，枣花虽小结实成。众星朗朗，不如孤月独明；照塔层层，不如暗处一灯。鼓打千槌，不如轰雷一声；良田百亩，不如薄技随身。富厚福泽，不过厚吾之生；贫贱忧戚，乃是玉汝于成。命薄福浅，树大根深。非上上智，无了了心。护疾忌医，掩耳盗铃。烈士让千乘，贪夫争一文。气是无明火，忍是敌灾星。但存方寸地，留与子孙耕。万事劝人休瞒昧，举头三尺有神明。为恶畏人知，恶中犹有善路；为善急人知，善处即是恶根。贫贱骄人，虽涉虚矫，还有几分侠气；奸雄欺世，纵似挥霍，全没半点真心。扫地红尘飞，才著工夫便起障；开窗日月进，能通灵窍自生明。发念处即遏三大欲，到头时方全一点真。守分安命，趋吉避凶。识真方知假，无奸

不显忠。人无千日好，花无百日红。人老心不老，人穷志不穷。座上客常满，杯中酒不空。礼义兴于富足，盗贼出于贫穷。乍富不知新受用，乍贫难改旧家风。天上有星皆拱北，世间无水不朝东。白发不随人老去，转眼又是白头翁。屋漏更遭连夜雨，船慢又被打头风。笋因落箨方成竹，鱼为奔波始化龙。汝惟不矜，天下莫与汝争能；汝惟不伐，天下莫与汝争功。明不伤察，直不过矫。仁能善断，清能有容。不尽人之欢，不竭人之忠。不自是而露才，不轻试以幸功。受享不逾分外，修持不减分中。诗人无半毫诈伪欺隐，处事只一味镇定从容。肝肠煦若春风，虽囊乏一文，还怜茕独；气骨清如秋水，纵家徒四壁，终傲王公。急行缓行，前程只有许多路；逆取顺取，到头总是一场空。生不认魂，死不认尸。好言难得，恶语易施。美玉可沽，善贾且待。瓦甑既堕，反顾何为？英雄行险道，富贵似花枝。人情莫道春光好，只怕秋来有冷时。父母恩深终有别，夫妻义重也分离。人生似鸟同林宿，大限来时各自飞。早把甘旨勤奉养，夕阳光景不多时。人善被人欺，马善被人骑。人恶人怕天不怕，人善人欺天不欺。善恶到头终有报，只争来早与来迟。龙游浅水遭虾戏，虎落平阳被犬欺。但将冷眼观螃蟹，看你横行到几时。黄河尚有澄清日，岂有人无得运时。十年窗下无人识，一举成名天下知。燕雀哪知鸿鹄志，虎狼岂被犬羊欺。事业文章，随身消毁，而精神万古不灭；功名富贵，逐世转移，而气节千载如斯。得宠思辱，居安思危。国乱思良相，家贫思贤妻。荣宠旁边辱等待，贫贱背后福跟随。成名每在穷苦日，败事多因得意时。声妓晚景从良，半世之烟花无碍；贞妇白头失守，一生之清苦俱非。闲事休管，无事早归。假缎染就真红色，也被旁人说是非。常将酒钥开眉锁，莫把心机织鬓丝。为人莫作千年计，三十河东四十西。秋虫春鸟，共畅天机，何必浪生悲喜；老树新花，同含生意，胡为妄别妍媸。许人一物，千金不移。一言既出，驷马难追。鄙啬之极，必生奢男；厚德之

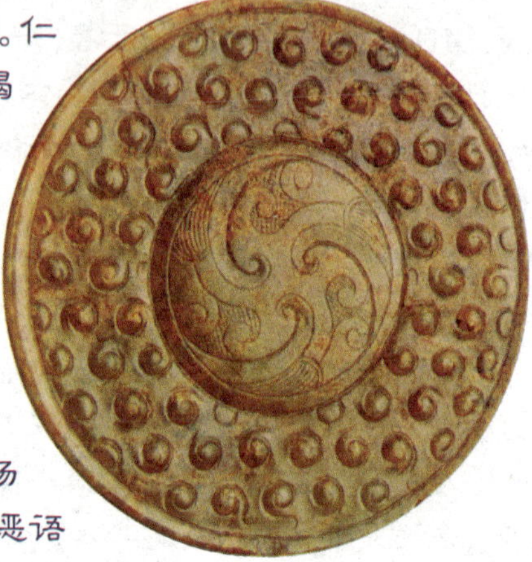

至，定产佳儿。日勤三省，夜惕四知。博学而笃志，切问而近思。少年不努力，老大徒伤悲。惜钱休教子，护短莫从师。须知孺子可教，勿谓童子何知。一举首登龙虎榜，十年身到凤凰池。进德修业，要个木石的念头，若稍涉矜夸，便趋欲境；济世经邦，要段云水的趣味，若一有贪恋，便堕危机。官清书吏瘦，神灵庙祝肥。若要人不知，除非己莫为。静坐常思己过，闲谈莫论人非。友如作画须求淡，邻有淳风不攘鸡。小窗莫听黄鹂语，踏破荆花满院飞。平生最爱鱼无舌，游遍江湖少是非。无事常如有事时提防，才可以弥意外之变；有事常如无事时镇定，才可以消局中之危。三人同行，必有我师，择其善者而从，其不善者改之。养心莫善于寡欲，无恒不可作巫医。狎昵恶少，久必受其累；屈志老成，急则可相依。心口如一，童叟无欺。人有善念，天必佑之。过则无惮改，独则毋自欺。道吾好者是吾贼，道吾恶者是吾师。入观庭户知勤惰，一出茶汤便见妻。父老奔驰无孝子，要知贤母看儿衣。入门休问荣枯事，观看容颜便得知。养儿代老，积谷防饥。常将有日思无日，莫待无时想有时。守己不贪终是稳，利人所有定遭亏。美酒饮当微醉候，好花看到半开时。当路莫栽荆棘树，他年免挂子孙衣。望于天，必思己所为；望于人，必思己所施。贪了牲禽的滋益，必招性分的损；占了人事的便宜，必受天道的亏。出家如初，成佛有余。三心一净，四相俱无。著意于无，即是有根未斩；留心于静，便为动芽未锄。鹬蚌相持，渔人得利。城门失火，殃及池鱼。人而无信，百事皆虚。言称圣贤，心类穿窬。学不尚实行，马牛而襟裾。欲求生富贵，须下苦工夫。既耕亦已种，时还读我书。结

交须胜己，似我不如无。同君一夜话，胜读十年书。求人须求大丈夫，济人须济急时无。渴时一滴如甘露，醉后添杯不如无。做事惟求心可以，待人先看我何如。害人之心不可有，防人之心不可无。酒中不语真君子，财上分明大丈夫。白酒酿成缘好客，黄金散尽为收书。竹篱茅舍风光好，道院僧房总不如。炮凤烹龙，放箸时与盐齑无异；悬金佩玉，成灰处于瓦砾何殊。先达笑弹冠，休向侯门轻束带；相知犹按剑，莫从世路暗投珠。厚时说尽知心，恐妨薄后发泄。少年不节嗜欲，每致中道而殂。水至清，则无鱼；人至察，则无徒。痴人畏妇，贤女敬夫。妻财之念重，兄弟之情疏。宁可正而不足，不可斜而有余。认真还自在，作假费工夫。是非朝朝有，不听自然无。久住令人贱，频来亲也疏。但看三五日，相见不如初。人情似水分高下，世事如云任卷舒。百年成之不足，一旦坏之有余，训子须从胎教始，端蒙必自小学初。养子不教如养驴，养女不教如养猪。有田不耕仓禀虚，有书不读子孙愚。仓廪虚兮岁月乏，子孙愚兮礼义疏。茫茫四海人无数，那个男儿是丈夫！要好儿孙须积德，欲高门第快读书。救人一命，胜造七级浮屠；积金千两，不如一解经书。静中观物动，闲处看人忙，才得超尘脱俗的趣味；忙处会偷闲，闲中能取静，便是安身立命的功夫。子教婴孩，妇教初来。内要伶俐，外要痴呆。聪明逞尽，惹祸招灾。能让终有益，忍气免伤财。富从升合起，贫因不算来。暗中休使箭，乖里放些呆。衙门八字开，有理无钱莫进来。天灾不时有，谁家挂得免字牌。用人不宜刻，刻则思效者去；交友不宜滥，滥则贡谀者来。财是怨府，贪为祸胎。乐不可极，乐极生哀；欲不可纵，纵欲成灾。百年容易过，青春不再来。欲寡精神爽，思多血气衰。一头白发催将去，万两黄金买不回。略尝辛苦方为福，不作聪明便是才。终身疾病，恒从新婚造起；盖世勋猷，多是老成建来。见者易，学者难。莫将容易得，便作等闲看。万恶淫为首，百善孝为先。妻贤夫祸少，子

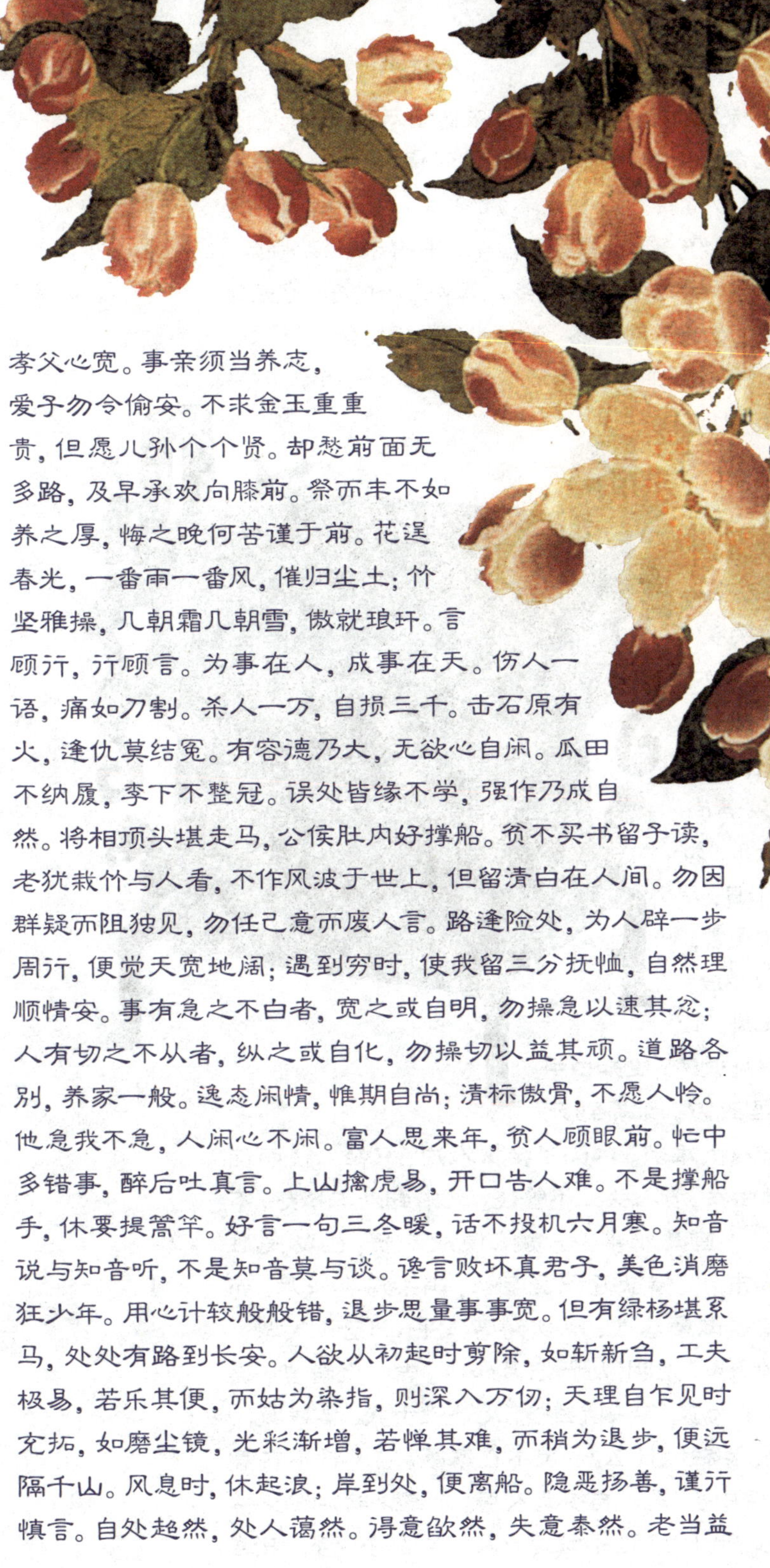

孝父心宽。事亲须当养志，爱子勿令偷安。不求金玉重重贵，但愿儿孙个个贤。却愁前面无多路，及早承欢向膝前。祭而丰不如养之厚，悔之晚何苦谨于前。花逞春光，一番雨一番风，催归尘土；竹坚雅操，几朝霜几朝雪，傲就琅玕。言顾行，行顾言。为事在人，成事在天。伤人一语，痛如刀割。杀人一万，自损三千。击石原有火，逢仇莫结冤。有容德乃大，无欲心自闲。瓜田不纳履，李下不整冠。误处皆缘不学，强作乃成自然。将相顶头堪走马，公侯肚内好撑船。贫不买书留子读，老犹栽竹与人看，不作风波于世上，但留清白在人间。勿因群疑而阻独见，勿任己意而废人言。路逢险处，为人辟一步周行，便觉天宽地阔；遇到穷时，使我留三分抚恤，自然理顺情安。事有急之不白者，宽之或自明，勿操急以速其忿；人有切之不从者，纵之或自化，勿操切以益其顽。道路各别，养家一般。逸态闲情，惟期自尚；清标傲骨，不愿人怜。他急我不急，人闲心不闲。富人思来年，贫人顾眼前。忙中多错事，醉后吐真言。上山擒虎易，开口告人难。不是撑船手，休要提篙竿。好言一句三冬暖，话不投机六月寒。知音说与知音听，不是知音莫与谈。谗言败坏真君子，美色消磨狂少年。用心计较般般错，退步思量事事宽。但有绿杨堪系马，处处有路到长安。人欲从初起时剪除，如斩新刍，工夫极易，若乐其便，而姑为染指，则深入万仞；天理自乍见时充拓，如磨尘镜，光彩渐增，若惮其难，而稍为退步，便远隔千山。风息时，休起浪；岸到处，便离船。隐恶扬善，谨行慎言。自处超然，处人蔼然。得意欿然，失意泰然。老当益壮，穷且益坚。榜上名扬，蓬门增色；床头金尽，壮士无颜。由俭入奢易，由奢入俭难。少成若天性，习惯成自然。自奉必须俭约，宴客切勿留连。枯木逢春犹再发，人无两度再少年。少而寡欲颜常好，老不求官梦亦闲。书有未曾经我读，事无不可对人言。兄弟叔侄，须分多润寡；长幼内外，宜法肃词严。一饭一粥，当思来处不易；半丝半缕，恒念物力维艰。人学始知道，不学亦徒然。愚而好自用，贱而好自专。有书真富贵，无情小神仙。

出岫孤云，去来一无所系；悬空朗镜，妍丑两不相干。劝君作福便无钱，祸到临头使万千。善恶关头休错认，一失人身万劫难。积德若为山，九仞头休亏一篑；容人须学海，十分满尚纳百川。为善最乐，为恶难逃。养兵千日，用在一朝。国清才子贵，家富小儿娇。士为知己用，节不岁寒凋。不因渔父引，怎得见波涛。但知口中有剑，不知袖里藏刀。春蚕到死丝方尽，恶语伤人恨难消。入山不怕伤人虎，只怕人情两面刀。世间公道惟白发，贵人头上不曾饶。无求到处人情好，不饮随他酒价高。书画是雅事，一贪痴便成商贾；山林是胜地，一营恋便成市朝。情欲意识属妄心，消杀得妄心尽，而后真心现；矜高倨傲是客气，降伏得客气平，而后正气调。因风吹火，用力不多。光阴似箭，日月如梭。吉人之辞寡，躁人之辞多。黄金未为贵，安乐值钱多。儿孙胜于我，要钱做什么？儿孙不如我，要钱做什么？会使不在家豪富，风雅不在著衣多。强中更有强中手，恶人自有恶人磨。知事少时烦恼少，识人多处是非多。世间好语书说尽，天下名山寺占多。积德百年元气厚，读书三代雅人多。上为父母，中为己身，下为儿女，做得清方了却平生事；立上等品，为中等事，享下等福，守得定才是个安乐窝。一念常惺，才避得去神弓鬼矢；纤尘不染，方解得开地网天罗。富贵是无情之物，你看得他重，他害你越大；贫贱是耐久之交，你处得他好，他益你必多。谦恭待人，忠孝传家。不学无术，读书便佳。男以女为室，女以男为家。根深不怕风摇动，表正何愁日影斜。能休尘境为真境，未了僧家是俗家。成家犹如针挑土，败家好似水推沙。池塘积水堪防旱，田地深耕足养家。讲学不尚躬行，为口头禅；立业不思种德，如眼前花。一段不为的气节，是撑天立地之柱石；一点不忍的念头，是生民育物之根芽。早起三光，迟起三慌。顺天者存，逆天者亡。世路风波，炼心之境；人情冷暖，忍性之场。爽口食多终作疾，快心事过必生殃。汤武以谔谔而昌，桀纣以唯唯而亡。量窄气大，发短心长。善必寿考，恶必早亡。与治同道罔不兴，与乱同事罔不亡。富贵定要依本分，贫穷不必枉思量。福不可邀，养喜神以为招福之本；祸不可避，去杀机以为远祸之方。贪他一斗米，失去半年粮；争他一脚豚，反失一肘羊。不贪为宝，两不相伤。画水无风偏作浪，绣花虽好不闻香。贫无达士将金赠，病有高人说药方。三生有幸，一饭不忘。见善如不及，见恶如探汤。隐逸林中无荣辱，道义路上泯炎凉。秋至满山皆秀色，春来无处不花香。恶忌阴，善忌阳。穷灶门，富水缸。家贼难防，偷断屋粮。坐吃如山崩，游嬉则业荒。居身务期质朴，训子要有义方。富若不教子，钱谷必消亡；贵若不教子，衣冠受不长。能师孟母三迁教，定卜燕山五桂芳。国有贤臣安社稷，家有逆子恼爹娘。说话人短，记话人长。生平只会说人短，何不回头把己量。言易招尤，对亲友少说两句；书能化俗，教儿孙多读几行。施惠勿念，受恩莫忘。刻薄成家，理无久享；伦常乖舛，立见消亡。触来莫与说，事过心清凉。君子不可貌相，海水不可斗量。蓬蒿之下，或有兰香；茅茨之屋，或有公王。一家饱暖千家怨，万世机谋二世亡。狐眠败砌，兔走荒台，尽是当年歌舞地；露冷黄花，烟迷绿草，悉为旧日争战场。拨开世上尘氛，胸中自无火炎水竞；消去心中鄙吝，眼前时有鸟语花香。贫穷自在，富贵多忧。

既往不咎，覆水难收。人无远虑，必有近忧。勿临渴而掘井，宜未雨而绸缪。宁向直中取，不可曲中求。驭横切莫逞气，止谤还要自修。忍得一时之气，免得百日之忧。是非只为多开口，烦恼皆因强出头。酒虽养性还乱性，水能载舟亦覆舟。克己者，触事皆成药石；尤人者，启口即是戈矛。以直报怨，以义解仇。庄敬日强，安肆日偷。惧法朝朝乐，欺公日日忧。晴干不肯去，只待雨淋头。儿孙自有儿孙福，莫与儿孙作马牛。人生七十古来稀，问君还有几春秋？当出力处须出力，得缩头时且缩头。生年不满百，常怀千岁忧。逢桥须下马，有路莫登舟。路逢险处须当避，事到头来不自由。吴宫花草埋幽径，晋代衣冠成古丘。功名富贵若长在，汉水亦应西北流。青冢草深，万念尽同灰冷；黄粱梦觉，一身都是云浮。人平不语，水平不流。便宜莫买，浪荡莫收。不以我为德，反以我为仇。有花方酌酒，无月不登楼。人有三句硬话，树有三尺绵头。一家养女百家求，一马不行百马忧。深山毕竟藏猛虎，大海终须纳细流。到此如穷千里目，谁知才上一层楼。欲知世事须尝胆，会尽人情暗点头。受恩深处宜先退，得意浓时便可休。莫待是非来入耳，从前恩爱反为仇。贫家光扫地，贫女净梳头，景色虽不丽，气度自优游。器具质而洁，瓦缶胜金玉；饮食约而精，园蔬愈珍馐。无益世言休著口，不干己事少当头。留得五湖明月在，不愁无处下金钩。休向君子谄媚，君子原无私惠；休与小人为仇，小人自有对头。名利是缰锁，牵缠时，逆则生憎，顺则生爱；富贵如浮云，觑破了，得亦不喜，失亦不忧。若登高，必自卑；若涉远，必自迩。磨刀恨不利，刀利伤人指；求财恨不多，财多终累己。有福伤财，无福伤己。病加于小愈，孝衰于妻子。居视其所亲，达视其所举，富视其所不为，贫视其所不取。知足常足，终身不辱；知止常止，终身不耻。君子爱财，取之有道；小人放利，不顾

天理。悖入亦悖出，害人终害己。人非善不交，物非义不取。身欲出樊笼外，心要在腔子里。勿偏信而为奸所欺，勿自任而为气所使。差之毫厘，谬以千里。使口不如自走，求人不如求己。为富兼为仁，愿生莫愿死。人见白头嗔，我见白头喜。多少少年亡，不到白头死。贼是小人，智过君子。君子固穷，小人穷斯滥矣。壁有缝，墙有耳。好事不出门，恶事传千里。之子不称服，奉身好华侈，虽得市童怜，还为识者鄙。天下无不是底父母，世间最难得者兄弟。青出于蓝而胜于蓝，冰生于水而寒于水。不痴不聋，不作阿姑阿翁；得亲顺亲，方可为人为子。处骨肉之变，宜从容不宜激烈；当家庭之衰，宜惕厉不宜委靡。是日一过，命亦随减。务下学而上达，毋舍近而趋远。量入为出，凑少成多，溪壑易填，人心难满。用人与教人，二者却相反，用人取其长，教人责其短。打人莫伤脸，骂人莫揭短。仕宦芳规清慎勤，饮食要诀缓暖软。水暖水寒鱼自知，花开花谢春不管。蜗牛角上校雌雄，石火光中争长短。留心学到古人难，立脚怕随流俗转。凡是自是，便少一是；有短护短，更添一短。洒扫庭除，要内外整洁；关锁门户，必亲自检点。天下无难处之事，只消两个如之何；天下无难处之人，只要三个必自反。凡事要好，须问三老。好问则裕，自用则小。勿营华屋，勿作淫巧。若争小可，便失大道。但能依本分，终须无烦恼。有言逆于汝心，必求诸道；有言逊于汝志，必求诸非道。吃得亏，坐一堆；要得好，大做小。志宜高而心宜下，胆欲大而心欲小。学者如禾如稻，不学者如蒿如草。唇亡齿必寒，教弛富难保。书中结良友，千载奇逢；门内产贤郎，一家活宝。一捞闲富贵，狠狠挣来，虽得还是失；百年好光阴，忙忙过去，纵寿亦为夭。事事有功，须防一事不终；人人道好，须防一人著恼。宁添一斗，莫添一口。但求放心，休夸利口。要学好人，须寻好友。引酵若酸，那得好酒。宁遭父母手，莫遭父母口。狗不嫌家贫，儿不嫌母丑。勿贪意外之财，勿饮过量之酒，进步便思退步，着手先图放手。不嫌刻鹄类鹜，只怕画虎成狗。责善勿过高，当思其可以；攻恶勿太严，要使其可爱。享现在之福如点灯，随点则随灭；培将来之福如添油，愈添则愈久。恩里由来生害，得意时须早回头；败后或反成功，拂心处莫便放手。多交费财，少交省用。千里送毫毛，礼轻仁义重。骨肉相残，煮豆燃萁；兄弟相爱，灼艾分痛。以身教者从，以言教者讼。厚积不如薄取，滥求不如减用。一字入公门，九牛拖不出。理字不多大，千人抬不动。两人自是，不反目稽唇不止，只温语称他人一句好，便有无限欢欣；两人相非，不破家亡身不止，只回头认自己一句错，便有无边受用。和气致祥，乖气致戾。玩人丧德，玩物丧志。福至心灵，祸至心晦。受宠若惊，闻过则喜。创业固难，守成不易。门内有君子，门外君子至；门内有小人，门外小人至。东海曾闻无定波，北邙未肯留闲地。趋炎虽暖，暖后更觉寒增；食蔗能甘，甘余便生苦趣。争名利，要审自己分量，休眼热别个，辄生嫉妒之心；撑门户，要算自己来路，莫步趋他人，妄起挪扯之计。家庭和睦，疏食尽有余欢；骨肉乖违，珍馐亦减至味。观过知仁，投鼠忌器。爱而知其恶，憎而知其善。

贫而无怨难，富而无骄易。晴空看鸟飞，流水观鱼跃，识宇宙活泼之机；霜天闻

鹤唳，雪夜听鸡鸣，得乾坤清纯之气。先学耐烦，切莫使气，性躁心粗，一生不济。举世好承奉，承奉非佳意；不知承奉者，以尔为玩戏。得时莫夸能，不遇休妒世。物盛则必衰，有隆还有替。路径仄处，留一步与人行；滋味浓的，减三分让人嗜。为人要学大，莫学小，志气一卑污了，品格难乎其高；持家要学小，莫学大，门面一弄阔了，后来难乎其继。争斗场中，出几句清冷言语，便扫除无限杀机；寒微路上，用一片赤热心肠，遂培植许多生意。一日为师，终身为父。衣不如新，人不如故。忍一言，息一怒；饶一着，退一步。三十不立，四十见恶，五十相将寻死路。爱儿不得爱儿怜，聪明反被聪明误。心去终须去，再三留不住。非意相干，可以理遣；横逆加来，可以情恕。贫穷患难，亲戚相顾；婚姻死丧，邻保相助。亲者毋失其为亲，故者毋失其为故。得意不宜再往，凡事当留余步。宁使人讶其不来，勿令人厌其不去。有生必有死，孽钱归孽路。不怕无来处，只怕多去处。务要见景生情，切莫守株待兔。丧家亡身，多言占了八分；世微道替，百直曾无一遇。得忍且忍，得耐且耐，不忍不耐，小事变大。事以密成，语以泄败。相论逞英雄，家计渐渐退。贤妇令夫贵，恶妇令夫败。一人有庆，兆民永赖。富贵家，宜宽厚，而反忌克，如何能享！聪明人，宜敛藏，而反炫耀，如何不败！见怪不怪，怪乃自败。一正压百邪，少见必多怪。君子之交淡以成，小人之交甘以坏。视寝兴之早晚，知人家之兴败。寂寞衡茅观燕寝，引起一段冷趣幽思；芳菲园圃看蝶忙，觑破几般尘情世态。言忠信，行笃敬。君子安贫，达人知命。惟圣罔念作狂，惟狂克念作圣。爱人者，人恒爱；敬人者，人恒敬。好讼之子，多致终凶；积善之家，必有余庆。损友敬而远，益友亲而近。善与人交，久而能敬。过则相规，言而有信。贫士养亲，菽水承欢；严父教子，义方是训。不为昭昭信节，不为冥冥堕行。勤，懿行也，君子敏于德义，世人则借勤发济其贫；俭，美德也，君子节于货财，世人则假俭以饰其吝。欲临死而无挂碍，先在生时事事看得轻；欲遇变而无仓忙，须向常时念念守得定。识得破，忍不过；说得硬，守不定。笑前辙，忘后跌；轻千乘，豆羹竞。子有过，父当隐；父有过，子当诤。木受绳则直，人受谏则圣。良药苦口利于病，忠言逆耳利于行。家丑不可外传，流言切莫轻信。下情难于上达，君子不耻下问。芙蓉白面，不过带肉骷髅；美艳红妆，尽是杀人利刃。读书而寄兴于吟咏风雅，定不深心；修德而留意于名誉事功，心无实证。一人非之，便立不定，只见得有是非，何曾知有道理？一人不知，便就不平，只见得有得失，何曾知有义命？智生识，识生断。当断不断，反受其乱。人各有心，心各有见。有盐同咸，无盐同淡。人间私语，天闻若雷；暗室亏心，神目如电。一毫之恶，劝人莫做；一毫之善，与人方便。终身让路，不枉百步；终身让畔，不失一段。难合亦难分，易亲亦易散。口说不如身行，耳闻不如目见。只见锦上添花，未闻雪里送炭。传家二字耕与读，防家二字盗与奸，倾家二字淫与赌，守家二字勤与俭。作种种之阴功，行时时之方便。不汲汲于富贵，不戚戚于贫贱。素位而行，不尤不怨。先达之人可尊也，不可比媚；权势之人可远也，不可侮慢。祖宗富贵，自诗书中来，子孙享富贵而贱读书；祖宗家业，自勤俭中来，子孙得家业而忘勤俭。以孝律身，即出将入相，都做得妥妥亭亭；以忍御气，虽横祸飞灾，

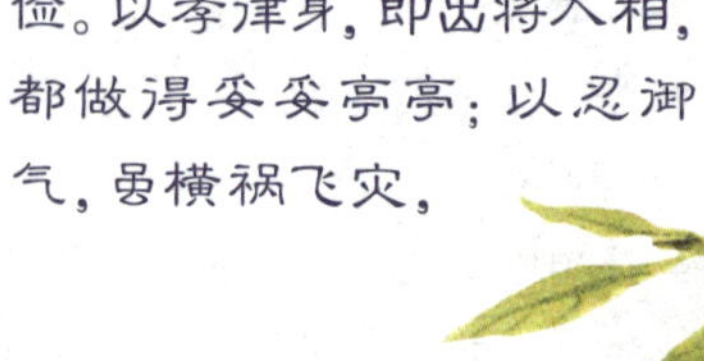

也免脱千千万万。善有善报，恶有恶报；若有不报，日子未到。水不紧，鱼不跳。年年防饥，夜夜防盗。祸福无门，惟人自召。好义固为人所钦，贪利乃为鬼所笑。贤者不炫己之长，君子不夺人所好。受享过分，必生灾害之端；举动异常，每为不祥之兆。救既败之事，如临驭崖之马，休轻加一鞭；图垂成之功，如挽上滩之舟，莫稍停一棹。窗前一片浮青映白，悟入处，尽是禅机；阶下几点飞翠落红，收拾来，无非诗料。种麻得麻，种豆得豆，天网恢恢，疏而不漏。见官莫向前，做客莫在后。会数而礼勤，物薄而情厚。大事不糊涂，小事不渗漏。内藏精明，外示浑厚。佳人傅粉，谁识白刃当前；螳螂捕蝉，岂知黄雀在后！天欲祸人，必先以微福骄之，所以福来不必喜，要看会受；天欲福人，必先以微祸儆之，所以祸来不必忧，要看会救。算什么命？问什么卜？欺人是祸，饶人是福。鹪鹩巢林，不过一枝；鼹鼠饮河，不过满腹。大俭之后，必有大奢；大兵之后，必有大疫。天眼恢恢，报应甚速。人欺不是辱，人怕不是福。人亲财不亲，人熟礼不熟。百病从口入，百祸从口出。片言九鼎，一公百服。点石化为金，人心犹未足。不肯种福田，舍财如割肉。临时空手去，徒向阎君哭。积产遗子孙，子孙未必守；积书遗子孙，子孙未必读。莫把真心空计较，惟有大德享百福。不作无益害有益，不贵异物贱用物。谁人不爱子孙贤？谁人不爱千钟粟？奈五行不是这般题目。恩宜自淡而浓，先浓后淡者，人忘其惠；威宜自严而宽，先宽后严者，人怨其酷。以积货财之心积学问，则盛德日新；以爱妻子之心爱父母，则孝行自笃。学须静，才须学。非学无以广才，非静无以成学。行义要强，受谏要弱。生于忧患，死于安乐。闲时不烧香，急时抱佛脚。不患老而无成，只怕幼而不学。咬得菜根香，寻出孔颜乐。富贵如刀兵戈矛，稍放纵便销膏靡骨而不知；贫贱如针砭药石，一忧勤即砥节砺行而不觉。送君千里，终须一别。不矜细行，终累大德。亲戚不悦，无务外交；事不终始，无务多业。临难毋苟免，临财毋苟得。气死

莫告状，饿死莫做贼。醉后思仇人，君子避酒客。智者千虑，必有一失；愚者千虑，必有一得。千年田地八百主，田是主人人是客。良田不由心田置，产业变为冤业折。真士无心邀福，天即就无心处牖其衷；险人着意避祸，天即就着意处夺其魄。权贵龙骧，英雄虎战，以冷眼观之，如蝇竞血，如蚁聚膻；是非蜂起，得失蝟兴，以冷情当之，如冶化金，如汤消雪。客不离货，财不露白。谗言不可听，听之祸殃结，君听臣遭诛，父听子遭灾，夫妇听之离，兄弟听之别，朋友听之疏，亲戚听之绝。鬼神可敬不可谄，冤家宜解不宜结。人生何处不相逢，莫因小怨动声色。心思如青天白日，不可使人不知；才华如玉韫珠含，不可使人易测。性天澄澈，即饥餐渴饮，无非康济身肠；心地沉迷，纵演偈谈玄，总是播弄精魄。芝兰生于深林，不以无人而不芳；君子修其道德，不为穷困而改节。满招损，谦受益。百年光阴，如驹过隙。世事明如镜，前程暗似漆。有麝自然香，何必当风立。良田万顷，日食三餐；大厦千间，夜眠八尺。救生不救死，寄物不寄失。人生孰不需财，匹夫不可怀璧。廉官可酌贪泉水，志士不受嗟来食。适志在花柳灿烂、笙歌沸腾处，那都是一场幻境界；得趣于木落草枯、声稀味淡中，才觅得一些真消息。圣贤言语，雅俗并集，人能体此，万无一失。